希望を生みだす教室

山﨑隆夫
Takao Yamazaki

旬報社

はじめに

朝の教室です。階段をかけあがってくる子どもたちの足音。わたしは、ドアの陰にそっと隠れて子どもたちを待ちました。いちばん乗りを争う激しい息づかいが聞こえてドアが開きました。四年生の幸彦と光です。

「おはようございます！」

「わっ！」

わたしは、背後から二人を脅かしました。ズデンと転ぶ幸彦。見事な演技です。光が笑って言いました。

「ああ、びっくりした」

続いてのっそりと現れたのは伸治。無言でわたしの額に触わると、ペチャペチャと叩きながら言いました。

「先生のおでこ、きょうも光っているね」

「おはよう、伸治くん。ここにおいで。抱っこしてあげる……」

両手を広げて彼を呼び、捕まえようとしました。

「ぎゃあ、やめてよ、先生」

伸治はスルリと体をかわして逃げました。これは、わたしと伸治のあいだで始まった朝の触れ合いごっこです。

お母さんが言いました。

「これまでの学校生活で、伸治が自分から先生に心を開いていったことはありません。まして、先生に触れたことも……。不思議なことです。でもうれしいです」と。

こうして、一人ひとりの子どもたちの姿を受け止めながら、四年生の新しい一日が始まっていきました。

小さな教室の扉の向こうで、きょうも子どもたちの物語が生まれています。何気ない日常の風景ですが、わたしは、この繰り返される日々が、子どもたちにとってかけがえのない〝幸福を刻む〟日々になればと考えています。

いま子どもたちの生きる世界は、学校をはじめとして、家庭も社会も、とても生きづらいものになっているからです。

わたしは、教師になってから四〇年近い日々を子どもと過ごしてきました。ここ一〇年、子どもたちの鋭さや可能性が豊かになる一方、もろさや壊れやすさをもつ子どもたちの存在が気になるようになりました。心の内側に入っていくと、さびしさを抱え、孤立し、支えを求め、立ちすくむ、そんな子どもたちと出会うことが多くなったからです。子どもがもつ未来へのあふれるような力や、予測のつかない可能性を秘めた原石の輝きが、子どもの生きる姿から消え始めているのではないか――。

教師として生きる日々は、文字通り手探りと試行錯誤の連続でした。「荒れ」る、「キレ」る、閉じこもる、パニックになる、「固まる」、暴言を吐く、自他を攻撃するなど。じつにさまざまな子どもたちと出会いました。子どもたちの行為は、彼らの奥底からあふれ出し、マグマとなって噴出してきたかのようでした。子ども自身、説明のつかない感情なのです。いのちの叫びのようでもありました。

しかし、怒りに震え別世界にただよう子どもたちの側で、しばらく彼らの心の回復に寄り添っていると、怒りの炎は消え、その向こうに、怯え震えている無防備な裸の少年や少女の姿がありました。子どもたちの激しい「怒り」は、悲しみや不安とつながり、コインの表と裏のようにわかちがたく結びついていたのです。もろく壊れそうな自我を、やっと支えるようにして。

子どもたちのそうした表現は、いまを生きるおとなたちの理解をこえ、納得できない子どもの生きる姿やかたちとして見えてきます。それを、子どもたちの甘えやだらしなさと見て、許しがたいと考える人もいるでしょう。てっとり早い解決を求め、管理の徹底や道徳とか規範意識の強化を声高に叫ぶ人びとが生まれることも当然予想されます。

しかし、事態はもっと深く、子どもの心の発達や人格の形成において、危機とよべるような事態が生じているのだとわたしは考えます。それは、一部の突出した子どもだけに言えるのではありません。すべての子どもたちに共通するものです。

子どもが本来もっている、未来への好奇心や希望、楽天性、あるいはしなやかさといった宝物が、多くの子どもたちを危機から救い、おとなたちを安心させるところで踏みとどまらせていま す。しかし子どもたちは、日本社会の危機と荒廃のなかで、時代の空気を吸い、同質の文化や価値のなかを生き、どの子もそうした雰囲気や世界から自由にはなれず、人間らしさをむしばむ気分や感情を体に染み込ませ、時代の影を引きずるように「わたし」を創り出しているのです。

今日、子どもや青年による悲惨な事件があいついで起こっています。「よい子」の突然の爆発と言われるような事件です。育ちのちがいや個別の事情のちがいはあるにせよ、事件をおこした者たちと今日の子どもたちの抱える生きづらさとが、どこかでつながり合い、共通するものが流れているのではないかと考えられます。彼らもまた、時代や社会の影を背負わされ、傷つき生きてきたと言えるのですから。

わたしは本書において、子どもたちとともに過ごし、希望へとつなぐことのできた困難な日々を、率直に描き出そうとしました。具体的な子どもの物語を通して、悩み、苦闘し、試行錯誤を繰り返し、子どもの生きる姿に一喜一憂しながら、子ども理解や子ども観を深めていったわたしの遅々とした歩みを、ともに体験していただきたいと考えたからです。そして、子どもたちの声にならない声を、いのちの叫びを聴き取ってほしいと思いました。

ここに登場する子どもたちは、この一〇年間、わたしが出会った、二年生、四年生、六年生の子どもたちを中心としています。ギャングエイジへの密かな力をたくわえる二年生時代、仲間を自分に取り込みながら飛躍へと向かう四年生時代、新たな自我が生まれ思春期の入り口ともいえる揺れる六年生の時代を取り上げました。子どもの人格形成につながる低・中・高学年のそれぞれの大切な時期の、子どもの生きる姿を伝えることで、わが子や教室の子どもたちの具体的な姿と重ねてくだされればと思います。

小さな教室のなかでのささやかな取り組みではありますが、子どもたちを受け止め、未来へとつなぐ、希望の扉を開くことも可能であることを、わたしは実践を通して確信することができました。攻撃的な眼差しの子どもたちが、学びを通して仲間とともに育ちあい、人間の信頼を回復していく姿と出会えたのです。

もちろん、これらの取り組みや子ども観が、子どもの危機や困難のすべての解決へとつながるわけではありません。しかし本書が、新たな子ども理解への窓口となり、子どものしあわせを築く小さな一歩やきっかけとなってくれることを、心から願います。（なお本書に登場する子どもたちの名前はすべて仮名です）

目次

第2章 子どもの心の危機を考える——65

第1章 子どもに手渡す〃幸福な時間〃

「ぼく、木になっちゃう」

一二月の冷たい雨が、朝には上がっていました。冬の青い空が、少しずつ雲を押しのけて広がっています。

「きょうは、子どもたちを連れて外に行こう」

学校への道を歩みながら、わたしは独り言をつぶやいていました。

二年生の子どもたちと国語の時間に『一本の木』という学習をしていて、いつか本物の木を見せに行き、画用紙いっぱいに絵を描かせたいと思っていたのです。

並んで校門を出ると、子どもたちが弾むように笑いました。「長かったな」と、思わずわたしはつぶやきました。授業のなかで散歩を楽しむこと、それは子どもたちのなかにある〝学校という枠〟を取り外し、子どもたちを甦らせます。その時間が好きだから、わたしはどの学年を担任しても子どもたちを外に連れ出していました。

しかし、この子どもたちは四月からいろいろ心配なことが多くて、遠足や生活科学習の特別のとき以外は、自由な散歩を楽しむことができませんでした。やっとそれが適うようになったのです。

町の小さな公園に入って行きました。かわいい社があって、入り口に空を突くイチョウの大木がありました。太い幹が梢の先まで続いています。見上げた子どもたちは「ワァーッ」と喚声をあげました。

「遊んでいいよ」

と話すと、ブランコやすべり台に向かって走り出しました。神社の板のすき間から中をのぞいた拓也が言いました。

「先生、秘密を発見したよ」

明と麻耶がイチョウのまわりで叫んでいます。

「ねぇ、手をつなごう！」

ちびっ子六人でやっと一回りする太さでした。

誠が幹の根元に忍者のように張りついて言いました。

「ぼく、木になっちゃう！」

短い時間の散歩でしたが、子どもたちは教室に帰ると夢中で大きな木の絵を描きました。太い幹、たくさんの枝、色がやさしく重なっていきます。子どもたちの喜びと表現が一つになっていくようでした。

1　この子たちはいったいどうなっているんだ

こぶしを握りしめ、冷たい水を口にして教室へ向かう日々

始業式の翌日、四時間目の授業を終えて子どもたちが帰って行きました。わたしはくたびれ果て、ため息をつきながら椅子に座り込みました。三〇年を越える教師生活のなかで口にしたことのない言葉が、ため息といっしょに漏れました。

「この子たちは、いったいどうなっているんだ！」

教室は、新学期の喜びや興奮、緊張などまるでないかのように、一日中おしゃべりとけんかが絶えませんでした。春の日のやわらかな光があふれる窓を、わたしはぼんやりと眺めていました。一年の困難が予想され、暗い気分になりました。

「再び、子どもの危機と向かい合うのか……」

それから始まる数ヵ月、教室に向かう長い廊下を、わたしはこぶしを握りしめ「負けないぞ」とつぶやいたり、冷たい水を口にしたりして心を落ち着かせて歩きました。

いったい全体、何が大変なのか。すべてが大変でした。とにかくその日その日を必死に支え、トラブルを解決し、〝授業と生活指導とが一瞬も切り離せない時間〟を過ごしていきました。

小さな二年生を担任するのはじつに十数年ぶりで、子どもとわたしとの齟齬《そご》が生まれているのだろうかと考えました。子どもたちは笑顔を見せません。一方で、無邪気に勝手なことをしています。まるで〝小さな悪魔〟のようで、別の星にやってきたような気分でした。

おしゃべりとけんか、悲鳴があがり食器が割れて……

一瞬も目が離せない日が続きました。

まず第一に言葉が通じないのです。わたしの話したことが、子どもたちの心に届かずむなしく消えていくのを見て、つらく苦しい思いがしました。

授業中、友だちやわたしの話を聞く子はもちろんいましたが、三四人の子どもたち全体が一分と集中しないのです。必ずどこかでさざ波のようにおしゃべりが始まります。後ろを向く子、ひざを出したり横を向いたりひっくり返ったりする子、鉛筆や消しゴムなどで遊びだす子がいました。「聴くこと」「聴き合うこと」を最も大切にして、わたしはこれまで授業を子どもと創りだし、学級の人間関係を育ててきました。それが根底から揺るがされているのです。

困難の第二は、突然のようにけんかが生まれることでした。図書室や体育館へ移動するために並びます。すると、列のあちこちでいざこざが始まりました。

「一度席に着いてごらん。もう一度静かに並んでみよう」

ところが簡単にはいかないのです。全体は静かになっても、突然殴り合いが始まります。

「やめてよ」

「うるせぇ、おまえが先にぶつかってきたじゃないか」

髪の毛をつかんだり殴りあったり……。その収拾をしていると、今度はほかの子たちが騒ぎ出し、けんかを始めるのでした。

授業中であっても気が抜けません。楽しく授業を進めていても些細な一言に傷ついて言い返します。

涼と健太の会話です。

「笑ったな！」

「笑ってねぇよ」

「うるせぇ」

「おまえがうるせぇんだよ」

「死ね！」

涼がガタンと椅子を引いて立ち上がりました。すると、健太がわたしの制止を振り切って迎え撃ちます。わたしは、あわてて二人を引き離し座らせました。

「二人とも後でおいで、話がある」

それから、そっと深呼吸して授業を始めるのでした。

チャイムの後、別室で二人の言い分を聞きました。一学期のころは、そこでもけんかが始まるのでした。

教室で取り組む小さな集団遊びやゲームのなかでも、激しい言い合いや殴り合いが生まれて、思わず取り組みをためらうこともありました。

困難の第三は、学校生活の時間の流れに子どもたちが無頓着なことでした。体育を始めようと着替えに時間を充分に取ってあげるのですが、校庭で長いこと待つのに全員がそろいません。心配で教室に駆け込むと、美香や薫、健一たちがぺちゃくちゃとおしゃべりしながら、体操着の袋をぶら下げて遊んでいるではありませんか。

「こら！　もう授業は始まっているぞ。早く出てきなさい」

給食の準備と後片づけも大変でした。

「先生、トイレ！」

と言いますから「いいですよ」と答えるのですが、戻ってきません。どこかで寄り道して遊んでいるのです。「ごちそうさま」をやっとそろえて言えたかと思ったら、幾人もの机の上に食器が置かれたままです。片づけを忘れて、トイレや遊びに向かおうとしているのでした。

「恵子ちゃん、あなた食器片づけなくちゃいけないんだよ」

廊下で話していると「ガチャン！」と音がしました。やったなと思って教室へ大急ぎで戻りました。割れた食器と残り物が床に散らばっています。

授業中、「トイレ」と言う子がいて、「行ってきなさい」と答えると、子どもたちは次から次へと「先生、トイレ。わたしも行きたい」とやってきます。一〇人近くなって悲鳴をあげたこともありました。

教室の不協和音――恭平のこと

始業式から一週間たったころ、給食の準備が始まってすぐ、啓の悲鳴が聞こえました。

「先生、大変だよ。恭平くんがパンに唾をかけたの！」

重いスープの入った食缶を給食ワゴンから配膳台へ運び、日直の援助をわたしがしていたときでした。白衣を着たちびっ子たちが、ワッと恭平を取り囲んでいました。

「まさかほんとうに唾をかけることはないだろう」

そう思いながらパン箱をのぞきました。

見ると、並んだ丸い食パンの列に雨粒が落ちたように唾が乗っていました。目を覆うような光景でした。

子どもたちがパニックにならないように落ち着いて語りかけました。

「安心しな、これくらいなら取れば大丈夫。ほら、こうやってね」

訳を聞きました。

「恭平くん、どうしてパンに唾を吐いたの」

「だって、準くんがぼくを蹴るんだもの」

「準くん、ほんとうか」

「蹴ったのは蹴ったけど、恭平くんが勝手にパンに触るから『触るな、汚いだろう』ってぼくが言ったんだ。そうしたら『うるせぇ』って言い返してきたんだよ……」

教室の生活のなかで、子どもたちは恭平についてのトラブルをよく訴えてきました。「掃除をしてくれない」「廊下に寝ているの」「ロッカーに閉じこもっちゃった」「俺が近づくと悲鳴をあげるんだよ」。

しかし、恭平は授業に集中し、素敵な発言をして黒板での発表もできました。しっかりと文も書けました。

子どもたちの眼差しが厳しく冷たいのではないかとわたしは思いました。だから、ロッカーに閉じこもったりパンに唾を吐いたりしたことも、恭平の心に何か言葉にできない痛みがあって、それが彼の苛立ちとして表現されたのではないか、そんなふうに考えました。ですから、この時期はずっと、全体の子どもたちの動きを見つめながら、恭平を守ることをずっと続けていました。

しかし、恭平もみずから思わぬ行為を取ることもありました。

「やめて！　恭平くん、汚い」

鋭く叫ぶ雪子の声がしました。恭平は笑いながら唾をゆっくりと机に落とし、手のひらで丸い輪を描いていました。

拭き掃除のとき、「ぼく眠いんだよ」と言いながら、そのまま横になり床に寝てしまいます。

目を閉じて涎を垂らしています。

「どけよ。机が運べないじゃないか」

給食中、何度注意されても繰り返しみかんの皮を丸ごと口に入れてニッと笑いました。隣の女の子を鉛筆の先で軽く突きます。女の子が涙をためて訴えてきました。

「先生、やめてくれないの」

恭平は子どもたちの仲間でありながら、彼らの心を苛立たせてもいました。

準と太一――子どもが背負うもの

四月のある日、その恭平の母親から手紙が届きました。

「一年生の頃から学校の帰りに意地悪をされています。洋服やかばんに何度も泥がつけられていました。恭平に聞くと、準くんや太一くんにやられたと言います。昨日は、トイレでうんちをのぞかれ、ドアからトイレットペーパーも投げ込まれたと言います。恭平の言い分にも曖昧《あいまい》さがあると思いますが、是非調べてほしいです……」

準と太一は、その日の休み時間、雨降りの校庭に恭平を靴下のまま突き出して、わたしに叱られていました。子どもたちを下校させて二人を呼びました。

「トイレでうんちをのぞかれるなんて、恥ずかしいしつらいことだね。きみたちはほんとうにしたの」

二人は、わたしの言葉にコクンとうなずきました。

「わかった。認めたということはもうしないね。えらい。ただこのことは、恭平くんの心を傷つけたことできちんと謝らなければならない。そういう責任のある問題なんだ。お家の人に話せるかな」

二人とも静かにわたしの話を聞いていましたが、問題を家の人に伝えなければならないと話した瞬間、太一が悲痛な顔で叫び声をあげました。

「なんで家で話さなくちゃいけないんだ！　言わなくったっていいじゃないか！」

身をよじって怒り狂いました。

「友だちにけがをさせたり心を深く傷つけてしまったりしたときは、きみたちのお父さんやお母さんも知らなければならない。責任があるからね」

太一は興奮していて、しばらく話ができない状態でした。

準は、家で話すと約束しました。

太一の興奮は異常でした。自分の思いが通じないとだれであろうと激しく強い言葉を浴びせるのに、極度の不安を抱えたようにおびえていました。

「よし、きみの家まで送って行こう。だれか家にいるかい」

すると、太一が泣きながら叫びました。

「パパがいるよ。でも来なくていい。先生が話しに来たらよけいに怒られる……。怒られたら一年間何も買ってもらえないんだ！」

「絶対に大丈夫だよ。先生はきみのがんばっていることも話したいんだ。だからね、いっしょに帰ろう」

まだ四月の半ばでした。しかし、わたしは太一の攻撃性が気になっていました。子育てをめぐって太一の保護者と深くつながる必要を感じていました。

その日、父親は在宅していました。事件のあらましと二年生の日々の太一の努力を伝え、彼の成長をしっかりと見守っていきたいと話しました。

その夜、準の家に電話しました。母親が応対しました。

「彼が自分から話したと思いますが……」

しかし、準は話してはいませんでした。要点を伝えると
「恭平くんの家に謝りの電話を入れます」

と答えてくれました。

翌日の午後のことでした。四時を過ぎて教室で仕事をしているとドアを叩く音がしました。入り口に準の母親が立っていました。恐縮して部屋へ案内し席を勧めました。その瞬間、準の母親の目から涙が溢れ出しました。止まらない涙をぬぐいながら、子育てのつらさと困難が語られました。初対面だというのに救いを求めるように……。

「やさしい子なんです。でも『死ね』『消えろ』なんて言葉をわたしにぶつけてきます。家庭の

問題がこの子に出てしまって……」

「もしかしたら、準くんは家のなかでおびえていませんか」

子育てのなかの暴力を疑ったのですが、母親はわたしの問いに小さくうなずきました。準の背後にある生活が浮かび上がってきました。準は、友だちにやさしいけれど、陰に隠れて足をかけたりつねったり、「死ね」「消えろ」という言葉を投げつけていました。準の暴力も、彼が生きることへの不安から生まれていたのです。愛おしさで胸が震えました。

2 信頼と生きることへの希望を生みだすために

子どもたちを深く愛することだ

子どもたちと出会って二週間、苦悩と模索の日々が続きました。授業や生活ルールを厳しく求めないわけにはいきません。それをしないと、子どもたちが勝手気ままにふるまい、教室が壊れていくようです。しかし、管理のための叱責を続けるなど、わたしには耐えられないことでした。教師としての自分が壊れていく……、そんな危機感をもちました。

四月の休日、混乱した自分を取り戻したくて、子どもたちの生きる姿を「教室記録」に整理して書き出してみました。やっと、少しずつ子どもの姿が見えてきました。

第一に、クラスとして支え合い、笑い合い、励まし合い、友だちと認め合う関係がまったくできていません。子どもたちが個々バラバラでつながりを欠いていました。他者に無関心で、またおびえているようにも見えました。

第二に、教室が子どもたちにとって「安心できる場」「楽しく学び合う場」となっていません。失敗が許され「こころよさを感じながら生きる場」となっていないのです。

第三に、子どもの人間関係が豊かに築かれていないため、教室は「強い管理」には従うが、力の支配が中心となり、無秩序な状態となっていました。

そこでは、子どもたちの衝動的、攻撃的感情がより表出しやすくなっているのです。子どもたちの〝よさ〟が発揮されるより、暴力から身を守り傷つけられずに生きるにはどうするかを、子どもたちは幼い身体と心で表現しているのでした。

第四に、ガキ大将的な太一に対抗できるような、子どもらしいたくましさやふくらみをもって育った子が、ほとんどいない状況がありました。「〝もろさ〟と〝輝き〟」をもつ今日の子どもたちの成長と発達の矛盾を、多くの子どもが抱えていました。

そして第五に、最もわたしが気になったこと、それは教師への〝距離感〟でした。子どもたちは、わたしに心を寄せることなく、心を開かず、屈託のない笑顔さえ見せないのです。つねに一定の距離をとっていました。長い教師生活で初めてのことでした。「先生、あのね……」と言ってそばに寄ってこないのです。

一言でまとめて言うなら、子どもたちは教師への信頼を欠き、群れてバラバラで、不安を抱え、疑心暗鬼で生きているようでした。同じクラスの仲間や友だちなのに、不信と恐れを抱いているのです。不必要なことへは心を閉ざし、自分に関わることに対しては、極端な防衛反応と攻撃性を露にするのです。閉ざし、泣き、叫び、不安だから四六時中おしゃべりをしないではいられないのです。

子どもの姿をこうして「教室記録」に整理したとき、わたしのなかにやっといくつかの課題と方針が見えてきました。それは、次のようなことでした。

まず、教室を『あたたかで共感できる場』にすること。トラブルやけんかを恐れず、遊びやゲーム、歌や読み聞かせ、グループの学習や表現活動など大切にして積極的に取り組むこと。

次に、一人ひとりのほんとうの声や願いを語らせ、丁寧に聴き取り、クラスのなかに共感とつながりを生み出していくこと。

そして、当然のことですが、授業を大切にして、教室で語り出す子どもの声を徹底して聴き取り、他者の声を聴きながら学び合える教室にすること。

わたしはノートにしっかりと書きつけました。

「この子たちに、いま最も大切なこと。それは、存在が愛おしく受け止められることだ。だから、何よりも子どもたちは愛されなければならない！　徹底して愛してあげるのだ」と。

「〝バリア〟を張らなくていい。裸の自分を見せていい。失敗して笑いあっていい。攻撃的に生きたり心を閉ざしたりして生きるより、憧れや信頼、希望をもって生きるほうがずっと楽しい『〝安心・信頼・憧れ・こころよさ〟のある教室づくり、授業づくり』を目指すのだ！　子どもたちに〝幸福の時間〟をつむぐのだ！」と。

学びのなかに希望が生まれる

四月始めの国語の時間です。教材は詩人・工藤直子さんの『ふきのとう』。わたしは、授業が始まると静かに黒板に向かいました。白いチョークで『よがあけました』と書きました。

「この〝よ〟って何だろう」

「夜のことだよ」と恭平が言いました。

「そうだね。夜といったら、心に浮かぶことがありますか」

「満月」（うん、うん）

「暗いです」（そうだね、とても暗い）

「サンタ」（ああ、夜にやってくる）

「暗くなってね、辺りは『しんかん』とするの」

「へぇ、凄いなあ。森閑なんて言葉を知っているんだね」

太一の発言に驚きました。準の手もあがりました。

「星が出ている」（うん、星がいっぱい）

「真夜中」

「お化けが出てきます」

みんな大笑いしました。

「ふくろうが起きてる」

「凄いね、森の動物たちのことも浮かんだのね」

子どもたちの発言をどれも大切にして黒板にメモしました。それを一括りにしながらわたしは言いました。

「満月や星がいっぱいの夜もある。暗くてお化けが出そうで、森閑としている夜もある。ふくろうだけが起きているんだ。そんな夜が明けたんだね」

子どもたち一人ひとりの発言がつながりあって、学びの世界を豊かにしていることを具体的に伝えていきました。

太一も準も沙耶も理穂も、瞳を輝かせてわたしの言葉を聞いています。

「竹やぶの笹の葉っぱは、何て言ったの」

「『さむかったね』『うん、さむかったね』って」

「そうだね。ここに〝うん〟って書いてあるでしょ。この言葉があると、どんなことがわかりますか」

「優しい気持ちで言ってるんだよ」

「わあ、隼人くんは優しい気持ちがこの言葉に隠れているって言うんだね」

「ほんとうに寒かったよ、って」

「そうか、〝うん〟という言葉のなかには『ほんとうに』っていう気持ちがこめられているんだ」

「ぼくも、同じ気持ちだよ！って」

「すごいや。『同じだよ』っていう気持ちが入っているのね」

「返事をしてあげてるの」

子どもたちの言葉は、ほとんどが聞き取れないほど小さな声でした。わたしは、聞き耳を立て、一言も聞き漏らすまいと真剣に聴きました。ところが前述したように、素敵な発言が生まれていても、一分と集中できず、どこかでおしゃべりが始まるのです。そのたびにわたしは、「ちょっと待ってね」とストップをかけ、

「良くんと佳代さん、恭子さんがいま大切な話をしてくれるから聞いてあげようね」

と話します。ひたすらその繰り返しのなかで授業を進めました。

終わるとどっと疲れます。だが、黒板には子どもたちの宝物の発言がならんでいました。

チャイムの後も、四人、五人とやってきて、わたしを見つめながら言うのでした。

「先生、ぼくね、ここでまだ話したいことがあったんだよ」

希望がここにありました。子どもたちは、聞こえないような小さな声であっても、物語の文に

心を震わせて自分の言葉を話し始めていました。耳を澄ましているとドキリとするような発言に出会うのです。わたしは、子どもたちの内部に眠る優れた資質を感じました。集中が持続せずおしゃべりやけんかが絶えないのですが、つながり合う確かな手応えもあるのです。

秘密の箱の中に、小さなポテト味のスナック菓子とラムネを入れました。この日は初めて、たし算の筆算を教える日です。

授業が始まると、わたしは子どもたちの前で両手をそっと添えて、お菓子の入った箱をコトコトと振りました。子どもたちは、箱のなかみを当てようと質問したり答えを言ったりしました。

「それは、ビー玉ですか」

「ビー玉よりやわらかいですよ」

「それは、食べられますか」

「食べられます！」

「えっ！」

こんなやりとりを楽しみながら、ついに子どもたちは箱のなかみを当ててしまいました。それから、二つのお菓子を使って文章題を黒板に書きました。

32円のポテトと25円のラムネを買った合計を式に立て筆算で考えるのです。答えをたずねると二〇人を越える子たちが手をあげていました。わたしは、全員の声を聴いていきました。「57です」という答えが続きます。しかし、「60です」と答える子もいました。子どもたちのまちがいや発言を徹底的に大切にする姿勢を貫きました。

筆算の書き方をみんなで考えた後、わたしは言いました。「きょうは初めて筆算を学習します。計算はどんな風にやったらいいのだろうね。発見したら教えてください」

太一、光、真美、涼の四人が順に前に出てきて説明しました。一人ひとりみんな説明がちがっていて楽しいです。勇気を出して説明した四人を心からほめました。

それから数日して、筆算の繰り上がりを学び合いました。37＋28の式を立て筆算で答えを求めるのです。全員がノートに向かいました。黒板で発表したい子たちから六人を選びました。65、55、45というちがった答えが並びました。だれも笑わないし、冷やかしもありません。子どもたちが変わってきたのです。

「難しいね。きょうの問題ね、どこがむずかしいのかな」

彩、菜穂、聡子、太一、啓たちがわたしの予想をこえ、さまざまな考えを発表しました。

太一が言いました。

「昨日までの計算はね、楽勝だったけどね、きょうのやつは10を越えるんだよ」

太一の『楽勝』という言葉にハッとしました。子どもらしく生活感あふれる言葉で、見事にきょうの学習の難しさをとらえ、ちがいを表しています。黒板の片隅に赤いチョークで『〝らくしょう〟じゃないたし算』と書きました。太一がにっこりと笑いました。

「37＋28で、7＋8を計算して15と答えに書いちゃうとね、後の3＋2があって答えは515になっちゃうんだ」

これは啓の発言。子どもってこんな考えもするのです。繰り上がりの1の秘密に迫っています。面白いなあと思って聴きました。

大きなタイルを出して筆算の説明をしました。わたしが物語風に計算の仕方を話し出すと、子どもたちが爆笑しました。

「アニメみたい！」

「先生、もう一回やって！」

クラスじゅうが沸き立っています。わたしのほうが驚きました。予想もしていなかったからです。そこで考えました。

「子どもたちが夢中になっている。よし、この子たちと算数の世界を楽しもう」

「わかったかい、こんな訳で『変身くりあがり1くん』が10の部屋にやってくる。ところで、みんなにお願いがあるんだ。この『楽勝』じゃないやり方に名前を付けてよ」

子どもたちは大喜びで名前を考えました。「へんしん」「ブロックレンジャー」「スーパー1くん」「ひっ算パワー」「くりあがりくん」……。

教室は、笑い声でいっぱいになりました。子どもたちが最も喜んだ名前「変身ブラザーズアニメーション」がクラスの「くり上がり筆算」に命名されました。

子どもたちとわたしとで創り出した授業は、世界に一つだけの「かけがえのない文化」と言えます。自分たちの学びを楽しみながら誇りを感じる瞬間と言えました。だから、ときどき学びのようすを「学級通信」に載せて読んであげました。子どもたち自身が主人公の学びの物語なのです。みんな授業を振り返りながら、再び爆笑したり、にやりと笑ったり、満足そうにうなずいていました。

こうして繰り返される授業のなかで、子どもたちは少しずつ、安心とこころよさ、仲間への信頼を寄せていきました。

太一と準の変化——寄り添い、内面の葛藤を支えて

四月のある日、真央が涙をこらえて訴えてきました。「太一くんがわたしのことを蹴ってきた」と言って。

クラスに起こる小さなトラブルに、準と太一はほとんど関係していました。「またか」と思いましたが、太一の言い分をていねいに聴きました。暴力に訴えることの多い彼は、思いをうまく表現できません。

「ぼくの……机の上の……絵の具バックを、真央さんが……落として……いったんだ。謝りもしないでさ」

真央を呼んで事実を確かめました。

「だって道也くんが、わたしを追いかけてきたんだもの」

「それは、恭子さんがいけないね。太一くんが怒るのも無理ないと思うよ。道也くんもその原因をつくっていたんだ。まずきみたちから謝るべきだね」

わたしは、きっぱりとそう言いました。太一の目に戸惑いと驚きが生まれていました。これまで見せたことのないような光が宿っていたのです。二人が謝ると「俺も謝る、ごめんね」と太一は自分から言いました。

「先生、準くんが恭平くんを蹴っている」

休み時間、亜紀が走ってきました。準を別室に呼んで訳を聞きました。叱りつけるのはたやすいのですが、準の背負っている重荷や言葉にできない内面の苛立ちを聴きたいと思いました。

「どうしたの。恭平くんを蹴ったというのはほんとうかい」

準は、下を向き素直にうなずきました。

「何か訳があったんじゃないか」

「……だってあいつ、教室の入り口に寝転んでいてうざいんだよ。何度か注意したのにどかないんだもの」

「そうか、きみが『やめろ』と言っても聞かないわけだね」

「うん、それに何もしていないのに近くを通るとすぐ悲鳴をあげるし、『うるせぇ』って言ってくるし……」

わたしは、準が反発をしないで素直に自分のしたことを認めたことに光を見出していました。彼のなかにも「扉の前で寝転ぶなんてよくない」「俺が近づくだけで何もしていないのに悲鳴をあげるなんて許せない」という〝正義〟がありました。聴き取られて安心した準は、突然、

「ぼく、やっぱ、蹴ったことは謝ります」

と言って、恭平のところに行ってペコンと頭を下げました。準との日々は、こんなことの繰り返しでした。

体育のドッジボールの試合の場面などでは、太一や準は腹立ちまぎれに「死ね」とか「消えろ」という言葉を吐きました。そんなときわたしは、厳しく対応しました。

「授業や試合中に言う言葉ではない。過ちに気づくまでしばらく退場していなさい」

二人は、砂を蹴ったり悪態をついたりして、授業を遠くから眺めていることもありました。しかし、次の授業ではふだんの彼らに戻って元気に発言し「先生、さっきはごめんなさい」と謝ってきました。

二学期から、授業や試合のなかで、友だちを罵倒する彼らの言葉をまったく聞かなくなりました。

準の投げる球は速い。鋭くうなりをあげて飛んできます。

「先生、ドッジやろう」と休み時間を楽しみにして、わたしを誘ってきました。長縄で遊ぶ子たちと交替で準や太一たちと遊びました。

準は全力でぶつかってきました。そして、わたしの投げる球に食らいついてきました。ボールを取ったときの得意そうな顔……。

恭平と子どもたち――苛立ちからやさしさの関係へ

七月になると、学級の雰囲気は四月にくらべ、はるかに落ち着いてきました。授業も楽しくなりました。

しかし、恭平をめぐるトラブルは、相変わらず続いていました。恭平の内部で、他者と生きることに不快な思いが重なっていたのかもしれません。悲鳴をあげたり、物や人に対して苛立ちをぶつけたりする姿が、むしろ今までより増えてきていました。恭平が、クラスのみんなから孤立し始めているのではないかと心配になりました。

掃除をめぐって「また恭平くんが勝手なことをしている」という訴えがあった日、わたしは子どもたちと話し合ってみようと思いました。

「恭平くん、きみの言い分もちゃんと聞きます。でも少し待ってくださいね。『きみにやめてほしいこと』をみんなから聞いてみますから」

「きみたちは恭平くんからされて嫌なことや、やめてほしいことはありますか」

すると、たくさんの子が手をあげました。恭平の言動によって不快な思いをさせられ、がまんを強いられてきた子どもたちが、初めて自らの気持ちを公的な場で発する機会を得たのでした。

突然悲鳴をあげる、「俺にさからうんじゃねぇ」とか「何だよう」とか言う、定規でたたく、鉛筆で刺そうとする、唾をかける、腕をかむ、くっついてくるなど。

子どもたちの言い分を黒板に列挙した後、わたしは言いました。

「みんなは、こんな気持ちだったんだ。このことは恭平くんにしっかりと伝えていきましょう。ところで、今度はみんなに考えてほしいことがあります」

自分の言い分を聴き取られた子どもたちは、真剣に耳を澄ましわたしの言葉を待っていました。

「徹くんがね、休み時間にこんなことをつぶやいていたんだ。『恭平くんって幼稚園時代、とてもやさしくて、ぼくのことを助けてくれたりしたんだ』って。やさしかった恭平くんが変わってきたんだけど、みんなは、恭平くんに嫌な思いをさせてしまったりしなかっただろうか。教えてほしいんだ」

すると、純一がそっと手をあげました。

「ぼく、一年生のとき、恭平くんに『バーカ』って言ってしまいました」

「そうだったのか、よく言ってくれたね」

それから、子どもたちは、驚くような事実を次々と話し出しました。

「わけもなく恭平くんを押し倒した」「恭平くんを理由もなくたたいた」「ぼくは、顔面にパンチをして、ちんこを蹴ったり体を殴ってしまった」「通学路で倒した」「学校で、踏んづけたりおもちゃにしたりした」「ランドセルを蹴ったり、壁にぶつけたりした」「浣腸した（両手の人差し指でお尻を突くこと)」「みんなと言葉を強く言った」……。

一年生時代、こんなことがほんとうに続いていたのでしょうか。わたしは、聞きながら暗澹《あんたん》たる思いがしました。「きみたちはそれでも人間か！」、と大きな声で叫びたくなりました。しかしわたしは、子どもたちとの新しい一歩を信じて、怒りを飲み込むと、静かに、しかしきっぱりと、心を込めて話し始めました。

「よく話してくれました。恭平くんはこんなことをされながら、このクラスで生きてきたんだ。恭平くんのすることでよくないこともあるが、きみたちがしたことで許されないこともあるね。話してくれたということは、もうそういうことはしないという勇気があるからなんだ。新しい自分に成長しようとしているんだ。してはいけないことは、もうやめようね」

恭平は、「ぼく、悲鳴をあげないようにする。唾も気をつけます」と約束しました。

話し合いの後、子どもたちは少しずつ、苛立ちの背後にある自分の弱さや意地悪な部分と向かい合い、同時に恭平との関係を新たな視点で見つめ直すようになりました。

二学期、こうしたこともあって関係が大きく改善されていきました。恭平に対する拒絶や違和感がなくなり、教室にやさしさが生まれていきました。

子どもたちは、力の支配のなかで、弱い部分へ弱い部分へと攻撃の矛先を向けていたのだと思います。そうした意味で、子どもたちは、人間への信頼や生きることに対する希望を失っていなかったのですが、そのことをいとおしみ励まし支える力が必要とされていたのだろうと思います。

もちろん、こうした取り組みとは別に、恭平の両親からの願いもあって、放課後、幾度か子育てをめぐる相談の場をもちました。両親は、自主的に相談機関へ足を運ぶことになりました。これもよい関係が生まれる一つとなりました。

子どもたちに笑顔とやさしさが生まれて

二学期、子どもたちはわたしの予想を超えて、しっとりと落ち着いていきました。それは、信じられないほどの変化でした。〝不信とおびえ〟や〝攻撃的な言動〟が学級の中心的な部分を占めていたのに、いつのまにかそれらは周辺へと後退していきました。子どもたちの眼差しや表情は輝きを見せ、何よりも安心して教室に生きることや子どもらしい好奇心を楽しんでいるのです。

一〇月、全校の教師が見守るなかで『お手紙』（アーノルド・ローベル作）の研究授業をしました。ふだんと変わらない対話の授業を静かに進めていきました。子どもたちは、作品に登場する『がまくん』や『かえるくん』に心を深く動かしながら、豊かな発言を重ねていきました。授業を終えると、講師が立ち上がって子どもたちに拍手を送ってくれました。そして、こんなことを言ってくれました。

「……きょうは素敵な授業をありがとう。黒板の上に『聴く』という目当てが書いてありますね。『友だちや先生の話をしっかり聴きましょう。かしこい子、やさしい子、強い子になります。楽しく学習できます』と。みなさんの授業は、この言葉の通りでした。そればかりか発言がつながり合い素敵な発見が生まれていました」

黒板の上にかかげた「めあて」は、四月、わたしが子どもたちに「最も大切にしたいこと」として、心を込めて送ったメッセージでした。研究会のなかでは、さらにこんな会話も交わされました。

「どうしてあんなふうに、叱る声ひとつせず一時間静かに、しっとりと話し合いができるのですか」と。

一学期、わたしの教室の子どもたちを間近で見ていた年配の教師がそれに答えてくれました。

「このクラスは一学期、とても大変でどうなるかと思っていました。山﨑先生もくたくた、へとへとだったと思います。でも、教室で歌い、休み時間は子どもたちと遊んだり、帰りには握手をしたり、それはそれは、子どもとかかわり合う努力をしていらっしゃいました。学級経営に支えられてきょうがあると思います」

新たに、別の教師も発言してくれました。

「授業を大切にすることで、子どもたちをしっとりと育ててきたように思います」

子どもたちを変えたもの

四月の初め、わたしは困難な子どもたちを前にして、幾度か教室で言葉を失い、立ち往生しました。その子どもたちが、なぜこれほどまでに変わることができたのでしょうか。

この問いに対する答えは簡単ではありません。しかし、わたしは今、次のように考えています。変化を支えたその大きな要因の一つとして、学級のすべての子どもたちを〝愛おしく〟〝愛し〟続けてきたことにある、と。

わずか七歳か八歳の子どもたちが、人間への不信を抱き、おびえを含みながら無関心を装うなど信じがたいことです。子育てや教育にかかわる人びとや学校が、今日の「攻撃的な社会」のありようをそのまま放置し、あるいは追随して対応するなら、子どもたちは〝生き残りをかけて〟自分が傷つかない生き方を模索したり選択したりするしか、生きる術がないのです。

しかし、子どもたちは本来、仲間や自然や社会への好奇心に満ちています。希望に支えられ生きることを肯定したい存在なのです。だから、おかしなことに腹を抱えて笑うし、仲間とじゃれあい、傷ついても新たな力を獲得しながら明日へと歩みだすのです。

わたしがしたことは、子どもたちに本来の子どもらしい生き方をしていいんだと、あらゆる場でそのメッセージを送り続けたことにあったと思います。子どもたちは、少しずつ少しずつ、安心とこころよさを土台に、子どもらしさを発揮しながら、身につけた鎧を脱ぎ始めたのです。そのことによって、肥大化し教室を支配していた「攻撃性」が、いつの間にか「子どもらしさ」や「屈託のない笑顔」が浮上することによって、取って代わられ消えていったのだと思います。

第二の理由として考えられるのは、子どもたちに、生きる日々の全体として〝幸福な時間〟を手渡そうとしたことにある、と思います。

子どもたちは、何か特別の取り組みや出来事のドラマを通して変わったのではないと言うことです。たとえば、準や太一と対話をするとか、仲良しをつくり出すゲームをすれば子どもの関係がすぐに良くなるというほど、今日の子どもの抱える問題は単純ではありません。それらもまた、変化を支える大切な一つではありましたがすべてではありません。

わたしは、大きくは「授業」を通して子どもたちの声を聴き取り、つなげ合い、学びあうことの面白さの世界へと子どもたちを誘いました。そこでは、真理や真実と出会うことで新しい自分や他者との出会いも始まっていきました。

授業に夢中になり、発言し、心を動かし始めると、子どもの内部に、わくわくドキドキするような〝見たこともない世界〟が立ち上がってきます。そのとき、子どものなかにある伸びようとする力が、未来をつかむ力が、しがらみや閉ざされた闇を越えて、子どもたちを新たな峰へと引き上げていくのです。そのこころよさに少しずつ気づきながら、苛立ちや衝動、攻撃性などに捕らわれた〝いま〟が乗り越えられていったのではないかと思います。

一方でわたしは、矛盾や困難をともないながらも、子どもの内面を聴き取り、つなげ合い、共に学び・遊び・生きることとの喜びを伝えようと、その努力を続けました。

たとえば、毎日の絵本の読み聞かせ、これには子どもたちは唯一私語を閉ざし、心と耳を傾けてくれました……。ここにもわたしは、希望を見出していましたが、さらに、自由な気持ちで詩を書き、読みあうことも続けました。友だちが何に喜び、何を悲しく思っているか、どんな世界で生きているのかを交流していきました。

体育では、男女仲良くゲームをしたりおんぶをしたり、すもうなどにも取り組みました。笑いが弾けました。音楽では、たくさんの歌を歌いました。歌いながら遊びます。グループごとの振り付けなど、トラブルを含みつつも取り組み発表しあいました。

誕生日には肩車をし、給食時間は子どもたちの求めに応じて、メンバーの登場する物語を語りました。疲れることもありましたが、それは楽しい時間でもありました。

そうした取り組みを続けていても、子どもたちはなんら変化していないように見えました。しかし、それはちがっていたのです。

人間のなつかしさを刻むように、静かにそれは子どもたちの内側へと蓄えられていきました。特別なことによって特別の変化が生まれたというより、そうした人間を信頼する希望をもった取り組みの一つひとつが、ある日、小さな変化として子どもの内部で力を得てきたのではないかと考えます。わたしは、いまそう思っています。

3 学びのなかに〝希望〟をつむぐ

子どもたちとともに創り出す授業とその時間が、攻撃的であったり無関心をよそおったりおしゃべりなどでバラバラになっている子どもたちを少しずつ変えていきました。

この節では、二年生と展開した授業を中心に、子どもたちが「学び」を通して、心ふるわせて生きていく姿とそのかかわりや変化について触れていきたいと思います。

子どもたちと心躍るひとときをもちたい

幾冊かの子ども詩集を机に積み上げて、ぱらぱらとめくっていると、四月から同学年になる奈穂先生が話しかけてきました。

「先生、何を読んでいらっしゃるの」

わたしは、少し照れながら答えました。

「四月の子どもたちとの出会いの日にね、最初の授業をどうしようかと思って。二年生の子どもたちと楽しく出会える詩をさがしていたんです」

「あら、わたしも詩をやろうかな」

『はるを　つまんで』（宮沢章二・作）という詩をわたしは選びました。次のような詩です。

はるを　つまんで　　宮沢章二

はるを　つまんで　とばしたら
しろい　ちょうちょに　なりました
もいちど　つまんで　とばしたら

きいろい　ちょうちょに　なりました
しろい　ちょうちょは　あおぞらの
くもと　いっしょに　きえました
きいろい　ちょうちょは　なのはなに
かくれて　みえなく　なりました

はるを　つまんで　とばしましょう
しろい　ちょうちょが　そらいっぱい
もいちど　つまんで　とばしましょう
きいろい　ちょうちょが　のにいっぱい

（『詩のランドセル　2ねん』らくだ出版より）

そっと声に出して読むと心があたたかくなります。歌が聞こえてきます。「いいな、この詩」と思いました。そのとき、頭にひらめくものがありました。
「教室いっぱいに、子どもたちと、黄色や白のちょうを飛ばそう！」

子どもたちとの初めての授業です。〔　　〕をつまんで……、と黒板に書きました。授業は、子どもたちみんなの発言によって楽しくなり深まっていきます。子どもたちは、〔　　〕のなかを、始めはおそるおそる、それから勢いよく語り始めました。

「鉛筆をつまんで……」（いいね）

「豆」（うん、それもあるなあ）

「花をつまんで」（素敵だね）

「地球をつまんで」（わっ、地球ね。すごいなあ）

子どもたちは、どっと笑い声をあげました。

「くつした！」（えっ、悠太くんこの靴下かい）

右の手で靴下をつまむ真似をして、反対側の手で鼻をつまんだらみんな大笑いです。

それから、「犬のしっぽ」「宇宙人」「でっかいクモの頭」とか、出てくる出てくる、二〇人近くが発言しました。わたしは、子どもたちの発言を一つひとつ黒板に小さくメモして書き取っていきました。その子の存在を受け止めるためです。

「宮沢さんの詩はね、『はるを　つまんで』という題なんだ。春をつまむってどんな感じがしますか」

「春をね、連れてくるみたいだよ……」

それから、第一連を黒板に書きました。

はるを　つまんで　とばしたら
〔　　　〕に　なりました
もいちど　つまんで　とばしたら
〔　　　〕に　なりました

今度は、たんぽぽやチューリップを予想する子どもたち。少しして、宮沢さんの詩の言葉を書き入れました。『しろいちょうちょ』と『きいろいちょうちょ』

「わあ、いいな」「やっぱりね、ぼくそう思ったんだよ」

と、子どもたち。

第二連を同じように黒板に書き出しました。

「自分でね、ぴったりだなと思う言葉でいいんだよ」

しろい　ちょうちょは　あおぞらの
〔　　　〕と　いっしょに　きえました
きいろい　ちょうちょは　〔　　　〕に

かくれて　みえなく　なりました

芳樹が、うれしそうに手をあげて言いました。

「ぼく、風がいいと思うな」

「わぁ、素敵だね。芳樹くん読んでみてよ」

「白いちょうちょは青空の、風といっしょに消えました」

「うーん、風に舞い消える蝶か！」

今度は、太郎が言いました。

「ぼくはね、光だよ。白いちょうちょは青空の、光といっしょに消えました」

「真っ青な空、輝く光のなかに蝶が消えていくんだ」

子どもたちは、空を見上げるように顔を上げました。

そのとき、由佳がほおを染めながら言いました。

「仲間！」

「由佳さん、すごいな。読んでみて」

「白いちょうちょは青空の、仲間といっしょに消えました」

子どもってすごいなと思いました。この子たちとまた一年間楽しい授業を創っていこう、そんな気持ちになりました。

黒板に写し終えた詩を、みんなで読み終わった後、わたしは小さな箱を取り出して言いました。

「この箱の中にね、大切なプレゼントを入れて来たんだよ。みんなにあげようと思ってね」

「えっ」と、瞳を輝かせて不思議そうにわたしを見つめる子どもたち。四月の始まりの日に、先生からのプレゼントがもらえるのです。それも第一時間目の授業中です。

驚く子どもたちに言いました。

「この詩のなかに出てくるものですよ」

「もしかして、ちょうちょ！」

小さく鋭いつぶやきが聞こえました。

「すごいや！　そうなんだ。ちょうちょをもってきたの」

ふたを開けて中から黄色い蝶を取り出しました。うすい透き通った「さくら紙」を切り抜いた蝶です。

「いいかい、見ててね」

一匹（一枚）の蝶をつまんで下から風を送りました。ひらひらと蝶が舞いました。まるで生きているかのように本当に舞ったのです。

「わっ、すごーい！」

「いいな！」

と、子どもたち。喜んでくれる子どもたちをうれしく思いました。

「みんなにあげようと思って蝶をつくってきたんだよ。おいで」

子どもたちは歓声をあげて席を飛び出し、一列にならびました。わたしは、一人ひとりの手に蝶を手渡しました。もう、教室のあちこちで蝶が舞っています。子どもたちは、自由に教室のなかを動き出しました。椅子に乗り背伸びして蝶をもつ子がいます。

「いい、放すからね」

「いいよ」

下から蝶を見上げながら風を送る子。白と黄色の蝶が子どもたちの歓声といっしょに教室を飛び交っています。

耕太が走ってきました。言葉が後から追いかけてきます。

「先生、見てみて！　真美ちゃんの肩に黄色いちょうちょが止まったんだよ！」

授業を終えようとしたとき、太郎が近づいてきて言いました。

「先生、弟にもこのちょうちょあげたいな」

わたしは、うれしくて子どもたちに話しました。

「いいよ、あげるよ。家でね、弟や妹と飛ばしてごらん」

わたしは、残りの蝶をみんな子どもたちにあげました。

子どもたちにとって、学ぶことが喜びとなり、命の震えのように今を生きることとつながり、幸福を刻むことであってほしい――。そんなメッセージを込めて初めての授業を終えました。

翌日の学級だよりにこの日の授業のようすを載せると、数日して克哉のお母さんから手紙が届けられました。

「お世話になっております。毎回〝あくしゅ〟（学級だよりの名前）にホロッとさせられたり、笑えたり、楽しんで読ませていただいています。挿絵も好きです。〝ちょうちょ〟は家でも弟にやって見せてくれました。早く授業参観にいきたいです！」

教室の困難と準の「攻撃性」

攻撃的な言葉と暴力が絶えなかった、二年生の教室の子どもたちの話に戻りましょう。

休み時間、けんかやトラブルが発生し激しい殴り合いや言い合いがありました。授業で一分と集中のできない子どもたちでした。あちこちで、さざ波のようにおしゃべりが始まりました。子どもたちはつながりを欠き、共に生きる仲間であるのに互いに無関心でもありました。教師に対して信頼を欠き、もどかしい距離感がありました。教卓の前にやって来て「先生あのね」と心許して語りかけることさえありませんでした。

この教室でトラブルを避けるために、叱責や「管理」を優先せざるをえず、わたしは深い徒労感を味わっていました。このままでは、「わたしが壊れてしまうのではないか」と思ったほどです。

すでに前節で書きましたが、子どもたちを愛することから、彼らの深い要求に応えつつ、この危機を乗り越えていくのでしたが、ほんとうにつらく厳しい数ヵ月でした。

この教室に準がいました。準は太一と共に教室のトラブルのほとんどにかかわっていました。一日、何度か高志が泣きながら教卓の前にやってきました。

「準くんが、ぼくのことを『消えろ!』『死ね!』って言った」

続いて恭平が訴えます。

「準くんが、ぼくのことを蹴った。つねった」

彩や佳奈美も泣きながら訴えてきます。

小さないさかいやトラブルは子どもたちによくあること、と思うけれど、太一や準に対する保護者の眼差しは厳しいものがありました。二人に対する何通かの抗議の手紙ももらっていました。

「あの乱暴な子を、このまま放っておいていいのか」と。

しかしわたしは、太一や準が背負う隠された悲しみや苛立ちの重さを知っていました。また、彼らの否定的とも言える言動の背後に、ほかの子どもたちにはない心の深さややさしさがあることに気づいていました。何としてもこの教室で彼らを支え、そのことを通しながら、他の子どもたちが同じように抱えている「わたしという一つのまとまった豊かな人格を形成していくこと」の困難や生きることそのものの危機と向かい合わせてあげて、それらを少しずつ解きほぐしていってあげたいと考えていました。

落ち葉のスケッチと♪『夢の世界』

一一月の始まりの生活科の時間でした。

「秋から冬へ季節が変わっていくね。いまから証拠を一つひろいに行こう」

そう言って、子どもたちと落ち葉をひろいに行きました。小さな画用紙にていねいにスケッチするのです。赤や黄色に色づいた落ち葉が一枚、子どもたちの机の上にちょこんと置かれました。

静かな時間が流れていきます。

「きれいだなあ」

と、子どもたち。

「先生、いろんな色が混ざっています」

「よく発見したね」

「穴が開いてるよ」

「虫が食べた後なんだよね、先生」

そんな会話を交わしていたら、秀樹が小さく叫びました。

「先生、葉っぱの匂いね、葡萄の匂いがするよ！」

みんな驚いて匂いをかぎました。

「あっ、ほんとうだ」

「ぼくはね、ワインのキャップの匂いみたいだ」

直之が言うと、準が続きました。

「ぼくさ、古い一軒屋の匂いみたく思ったよ！」

子どもたちは、たった一枚の小さな落ち葉のスケッチのなかで、心震わせて発見を語り、他者とつながり、思いを語っていきました。準が学びのなかで、鬱々《うつうつ》とした心の重荷を忘れ、ひたすら夢中になっていることがうれしい。

翌日の音楽の時間、『夢の世界』（芙龍明子作詞、橋本祥路作曲）という歌を教えることにしました。高学年向きの歌だけれど、やさしくあたたかく、なつかしさが伝わってきます。歌詞のなかに『落ち葉』と言う言葉も出てきます。子どもたちに、この歌をプレゼントしたいと思いました。

夢の世界

ほほえみ　かわして　語り合い
落ち葉を踏んで　歩いたね
並木のイチョウを　あざやかに
いつかも　夕日が　映し出したね
さあ　出かけよう
思い出のあふれる　道を　かけぬけ

さあ　語り合おう
すばらしい　ぼくらの　夢の世界を
（以下略）

アコーディオンを弾きながら、模造紙に書き写した歌詞を、口伝えで教えていきました。ハミングしながら子どもたちも歌いだしました。

「ぼく、中学のお兄ちゃんが歌ってるのを聞いたことがある！」

岳彦が言うと、歌声が大きくなりました。

少しして、歌詞を読みながら、子どもたちに心に浮かぶことを自由に語ってもらいました。

『♪ほほえみ　かわして語り合い　落ち葉を踏んで歩いたね』

「ぼくね、ここを歌っていると気持ちがいいな」

「うん、なんだか心がやさしくあたたかくなるね」

『♪並木のイチョウを　あざやかに　いつかも夕日が　映し出したね』

「何か、にぎやかな感じがします」

「イチョウの黄色と夕日が輝いているみたいだものね」

こんな会話を続けているときでした。薫が言いました。

「『♪小川の流れもすみわたり　いつかもぼくらを映し出したね』ここを歌っているとね、鮮やかな感じで気持ちがおさまってくるよ」

「歌っていると気持ちがおさまってくる」という薫の言葉に驚きました。すると準が頬を紅潮させて手をあげて言いました。

「ぼく、薫くんにつけたします。ここを歌っていると、何か怒っていた気持ちもずっと落ち着いてくるの……」

準の発言を聞いて、わたしは身体が震えました。準が愛おしくてたまらなくなりました。おびえや激しい苛立ち、自分でも扱いきれない攻撃的な感情を抱えて日々の暮らしを送っている準。そんな彼が、授業という場で、歌を歌いながらいまを生き、薫やクラスの仲間の声に励まされて自分の隠されていた感情と出会い、言葉にしたのです。

わたしは思いました。今日の子どもたちは、授業の場で傷つくことが多くあります。しかし、どのような学びと出会うかによって、いまをこころよく生き、言葉にすることのなかった自己の感情や、心の奥底に混沌と渦巻き、存在さえも確認できなかった人間の希望につながる〝意識の芽生え〟のようなものと出会い、理由さえわからないで抱え込んでいた苛立ちや攻撃的な自己を見つめなおし、新しい自己を立ち上げていくこともできるのだ、と。そして、わたしたち教師の仕事はそうした深い意味や可能性も秘めているのだ、と。

「準、よく言ったね。先生もそう思うよ！」

二年生の三学期になって国語の時間、『スーホの白い馬』を学習しました。教室で学ぶ子どもたちの姿は、一学期当初の敵対的で攻撃的な関係とは大きくちがっていました。子どもたちの発言の一つひとつが味わい深いのです。聴き取りあい、つながり合い、わくわくするような学びが生まれていました。以下は、そんな授業の一コマです。

その日、扱った文章は『それでも白馬は走りつづけました』というわずか一行の文です。酒盛りの席、大勢の人の見ているなかで、白馬は殿様を振り落とし逃げ去ります。『つかまえろ！　つかまえられないのなら射殺してしまえ！』。家来たちの矢が、幾本も幾本も白馬に突き刺さり傷つけました。それに続く文です。

準が真っ先に手をあげて発言しました。

「白馬は、早くスーホのところに会いたいの」

「準くん、すごいね。君は授業になると、グンと心が深くなって心で思ったことを真っ直ぐに発言できる」

子どもたちの発言が、堰を切ったように続きました。

「白馬は、死にそうになっているのに、あきらめないでスーホのところへ走っている」

「白馬は、スーホに会うまでは何が何でもあきらめないで走り続けているの」

遼平と太一が発言しました。

「わたしの気持ちだけど……」

鮎子が、そっと手をあげました。

「いいよ、素敵だ。自分の気持ちを言いたいんだね」

「白馬、がんばれ！って」

「ぼくは、白馬の言葉を言いたい。『走る、走る！』って」

「信吾くんは、白馬の言葉を言ってくれました。痛くてもつらくても『走る、走る！』って歯を食いしばってつぶやいているんだね」

「準くんと太一くんの発言を聞いて思ったこと。白馬は痛くていたくてたまらないのに、スーホに会いたくて走っているの」

「あのね、スーホは白馬のことばかり心配しているでしょ。白馬もスーホのことを思って、心配しているんだよ」

「卓也くん、すごい発見だね。きみの言ったことを絵に描くね」

わたしは、黒板の両端に二つの円を描きました。一つは白馬、もう一つはスーホです。白馬には幾本もの矢が刺さっている。だが、白馬とスーホの心は互いに相手に向かい心配をしているのです。

「わたしは白馬の心を言いたい。『スーホ、スーホ』って」

絵里のつぶやきを白馬に書き込みました。

「白馬はね、『絶対に戻ってやるぞ』って言ってる」

「もっと、もっと、うっ、うっ！」

聡一は、これだけ言うと座りました。

「聡一くん、その言葉の意味わかるよ。白馬の痛みとスーホへの気持ちだね」

「卓也くんの発言を聞いていて思ったんだけど、白馬とスーホの心は離れていてもつながっているんだよ！」

耕介の鋭い発言を聞いて、わたしは黒板の真ん中まで白馬とスーホの円から流れ出る線を引き、『心はつながっている！』と大きく書きました。

子どもたちの発言は終わりません。そのとき、日ごろ静かな麻耶がすっと手をあげて言いました。

「ぜんぶ、殿様が悪い！」

みんな、麻耶の激しい言い方にわっと笑いながら深くうなずきました。

「麻耶さんに付け足します。殿様のせいだ。『何で別れさせたんだ、このやろう』ってぼくは思った」

「薫くんの考えに反対じゃないけど、いい殿様だっているだろう」

「ぼくがスーホだったら、家来のいないときに殿様のところに行ってやっつけたいよ！」

子どもたちは、こんなふうに発言を重ねながら思いを深めていきました。

チャイムが鳴って授業を終わりにしたときでした。準がトコトコと前に歩いてきて、まだ何か言いたそうにしていました。わたしに、内緒話をしたいから身体を屈めてよ、とそんな仕草をしました。耳元で、準が言いました。

「先生、ぼくさ、こんな言葉つかっちゃいけないかもしれないけど思ったよ」

準の小さな両手の隙間から、言葉と息がもれてきました。それは、準の気持ちを伝える激しい言葉でした。

『『なんで殿様は、スーホから白馬をとるんだ。嫌がっているのに！　殿様、消えろ！』って」

わたしは、小さな準が、一人の思想をもつ、おかすことのできない人間として目の前に立っているような気がしました。

準の肩をギュッとつかんで言いました。

「準くん、よく言った。先生もそう思うよ。『殿様、消えろ！』って……。友だちを傷つけるためにその言葉を言うんじゃなくて、こういう場面で思い切り心のなかで思ったことを言葉にして言うのはいいんだよ」

準の瞳は驚きと輝きに満ちていました。頬が紅潮しています。彼が必死に生きるために取り込んだ攻撃的な言辞が、いま人間らしい希望の水路を切り開く力として、逆転し、新たに位置づけられたのでした。荒涼とした準の心のなかに、手のひらでそっと包み込みたくなるような命の震えが生まれているのでした。

二月、準はこんな詩を書きました。

　キャッチボール

パパとやった
ぼくが、投げた
「はやいね」
って、言っていた
パパが、投げた
「いたっ！」
ぼくが言った
「はやいだろ！」
「うん」
風がふいた
風が、わらうようにふいていた
さむかった

風にからかわれたみたいに
　ふいていた

新しい年を向かえ、四月、準は三年生になりました。わたしは、別の学年を教えていました。その一年が終わるという二月のある日のこと、教室の子どもたちが「扉のところに準が来ている」と言いました。

「どうしたんだい、準くん。ひさしぶりだね」

「先生、この教室をデジカメで撮っていいですか」

「ああ、別にかまわないよ。どうぞ、好きなところを……」

準は、わたしの教室を何枚か写真におさめると黙って帰っていきました。

しばらくすると、再び準が顔を出しました。

「あれ、写真がうまくいかなかったのかい」

「ううん、先生、先生をちょっと撮りたいんだけど……」

「ああ、いいよ。うん、うれしいなぁ」

準は、廊下に立ったわたしを写真におさめると教室へ帰って行きました。

その日の放課後のことでした。五時を過ぎて家に帰ろうとしたとき、準の担任のS先生がわたしを呼び止めました。

「先生、きょうは準に付き合ってくれてありがとうございました」

「……」

「準が、写真を撮りに行ったでしょう」

「ええ、来ましたけれど……」

「三年生の終わりに学校でいちばん好きなところを写真にとっておいで、と子どもたちに話しました。すると準は先生の教室を撮りたいと言ったのです。ところが撮ってきた写真を見ると、机とか壁でしょ。ほんとうに撮りたいのは山崎先生なんだろと聞くと『そうだ』と言うでしょ。だから、もう一度撮りに行っておいで、と言ったのです」

準の心のなかに、二年生で過ごした日々が宝物のように輝いて残っていることを、わたしは知りました。準を愛おしく思いました。子どもに手渡す〝幸福の時間〟は、この生きづらい困難や危機を抱える時代や社会のなかにあっても、子どもの人間らしく生きたいという希望や未来を支える力になっていくのです。

第2章　子どもの心の危機を考える

1　みずからの生を問う子どもたち

生まれて一〇年にも満たない少年や少女が、生きることに悲鳴をあげています。「死んでやる」「殺したい」「これ以上近づくとキレる」、そんな叫び声をあげているのです。

校舎や教室の片隅に身体を丸めてうずくまり、心を閉ざす子もいます。こうした子どもたちと九〇年代の半ばから毎年出会うようになりました。

子どもが生きることに疑いをもったり傷ついたりして、希望を失うというのは、子どもの自然性からいって本来考えられないことでした。

ルソーは『エミール』のなかで子どもの姿を次のように書いています。

「沸きたつようにいきいきとして、活気があり、心をむしばむ心配もなく、長い先の苦しい見透しもなく、現在の状態にすっかり身をまかせ、かれの外へとひろがっていこうとしているように見えるあふれるばかりの生命を楽しんでいる、そういう子どもの姿をわたしは見る」（『エミール』今野一雄訳、岩波文庫）と。

子どもたちの現在は、ルソーの「子どもの発見」とは何と遠くかけ離れていることでしょう。痛々しいほどです。命をいとおしみ、身をまかせ、生きることを楽しむのではなく、子どもたちは幼い命をかけて〝みずからの生とは何か〟を問い、たたかっています。不安をからだの奥底に沈め、心とからだを閉ざし、ときに攻撃し自他を傷つけるのです。そうやって壊れそうになる自分を必死に支えています。

少年や少女の成長と発達に何が起きているのでしょうか。

2 生きることに戸惑い傷つく少女

びゅんびゅんごまが回らない

九歳の少女、彩夏の物語からこの問題を考えてみたいと思います。

三年生が始まったころ、彩夏は授業に集中し学校生活も楽しく送っていました。テストは高得点で作文も豊かに表現します。突然激しく「キレ」たのは『びゅんびゅんごま』づくりに挑戦しているときでした。

厚紙を丸く切り抜き、中央に二つの穴を開け、そこに糸を通して結びます。両手の人差し指に糸をかけ、ぶら下がるこまに回転をかけて強く横に糸を引きます。こまは両手の間で鋭く回転し、タイミングを合わせると「ビューンビューン」と音を立てて回ります。わたしがやってみせると、子どもたちは大喜び。「つくりたい」と口々に言いました。

回し始めてほんの数分たったとき、涙混じりの小さな悲鳴が聞こえてきました。彩夏でした。

「回んないの……、回んないの！」

彩夏は、こまを見つめて怒っています。目には涙がいっぱいたまっていました。

びゅんびゅんごまは、初めての子にはそう簡単には回せません。わたしは、友だちの回す姿にあこがれをもち、あきらめず挑戦してほしいと思いました。「わたし」のなかに眠っている、隠された力や技、感覚を身体のなかから見つけ出していってほしいのです。

彩夏のように言葉の世界が巧みであっても、手先やからだの感覚を駆使して身の回りに働きかけ、事態に対処し、課題を解決していく力は、まだ充分には育っていない子も多いのです。今日の子どもたちの、心とからだの成長や発達がアンバランスな状態とも言えました。

わたしは、彩夏が自分の力で小さな困難を乗り越えていけるよう、心のなかで声援を送りながらそっとようすを見守っていました。「回らなかったら、先生のところに来てもいいんだよ。助けてあげるから」、そう伝えてもありました。

彩夏の声は、しだいに苛立ちを含み、教室の空気を切り裂きました。

「回んないの！　回んないの！」

少女のこんな怒りと悲しみの混ざった叫び声を聞いたのは、教師になって初めてのことでした。

祐樹が、彩夏のそばに近づいて行きました。

「彩夏、おまえさぁ、そんなのすぐに回らないの当たり前じゃないか」

祐樹の言葉には、少年らしい照れとやさしさが込められていました。「こんなことですぐ『キレ』るなよ」と。しかし、彩夏には、祐樹のやさしさが伝わりませんでした。目をキッと吊り上げ、祐樹を鋭く指さして言いました。

「そういう言い方が嫌いなの！　許せないの！」

彩夏は、祐樹に怒りをぶつけると泣きじゃくりながら机に突っ伏しました。

「何なんだ、こいつ！」

祐樹は、不快に顔を歪めて吐き捨てるように言いました。

「殺してやりたい！　ずっとずっとがまんしてきたんだから」

外遊びの時間、わたしは子どもたちと大縄を回して遊んでいました。子どもたちはみんな列をつくり順番が来ると、二人のもち手が回す長縄のなかにタイミングよく入ります。リズムにあわせてジャンプし、さっと抜け出していきました。彩夏も上手に跳んで笑顔が弾けていました。

三度目の順番が回ってきたとき、彩夏は入りそこねて縄を足に引っ掛けてしまいました。彩夏の表情が一瞬にして曇りました。遊びの世界で気持ちのコントロールができるようにと、わたしはここでも見守っていました。「腹を立てるなよ」と彩夏の目を見てメッセージを送りました。

彩夏は、がまん強く一方の縄のもち手になりました。ところがいざ遊びが始まると、腕を勢いよく振って、信じられないような速さで縄をめちゃめちゃに回し始めました。あっけにとられるみんなは、言葉もありません。彩夏は「もう、いい！」と言い捨てて、縄を放り出し、遊びの輪から去っていきました。

別の外遊びで遊んでいたときのことです。彩夏が泣きながらと訴えてきました。

「亮太が、わたしだけに強く攻撃してくる」

二人のようすをうかがっていると、互いに相手が気になり、小さな衝突を繰り返していました。幼い子どもたちの遊びにはよく見られる光景です。腹が立つと気になって、相手を打ち負かすか納得するまで怒りが止まらないのです。

四時間目を終えて、給食の支度を始めているときでした。配膳台近くに固まっていた子どもたちのなかから、彩夏の甲高い声が聞こえてきました。怒りに満ちた声です。

「もう、やなの。どうしてそんなこと言われなくちゃいけないわけ！」

「何で、おまえはすぐ怒るんだよ」

「うるさいわね！　わたしは、あなたたちに言われたくないんだから」

わたしは、そっと彩夏のからだを支えて教室の外に連れ出しました。近くの図書室に行って、座って話を聞こうとしました。しかし彩夏は、興奮していて話になりません。

「殺してやりたい。絶対に殺してやりたい！」

と叫びます。聞き捨てならない言葉の鋭さと重みに、わたしの胸がキリキリと痛みました。

「死ね」という言葉は、今日、子ども世界の日常にあふれていますが、子どもがだれかを「殺してやりたい」などと言うのは、これまで聞いたこともありませんでした。

「彩夏さん、あなたね『殺してやりたい』なんて、そんな言葉を簡単に使っちゃだめだよ」

「だって、許せないんだもの。亮太くんはいつもいつも、わたしに変なことを言ってくる。わたしは、きょうというきょうは、絶対に亮太くんを許さない。わたし、ずっとずっとがまんしてきたんだから。殺してやりたいの！」

「彩夏さん、亮太くんがいつもあなたを攻撃してくるってほんとうなの。ゆっくり話してごらん。聞いてあげるから」

するとと彩夏の顔から怒りが消えていきました。ぽろぽろと涙をこぼしながら、わたしに甘えるように話し出しました。

「先生、聞いてくれる……、聞いてくれるの……」

「ああ、聞いてあげる。さあ、話してごらん」

彩夏の話は、「ずっと、ずっとがまんしてきたの」という過去の話ではなく、いま現在、不快な思いにさせられたこの日の出来事に対する抗議と怒りの爆発でした。

「わたしね、暑いから上履きのかかとを踏んでたの。そうしたら『おまえ、なんで上履きをちゃんと履かないんだ』って亮太くんやみんなが言ってきたの……」

「うん、そうなのか。彩夏さんは上履きをちゃんと履いていなかったんだね……」

「だってね、暑いんだもの。わたし、足の裏がべたべたして気持ち悪いから履きたくなかったの。それなのに、『おまえ上履きを履けよ』なんて命令するんだもの。わたし、命令されたくないの！」

「……」

「亮太くんのこと『殺したい』って言ったけれど、ほんとうは、あなたが嫌だなあと思っていることを、周りから言われたくなかったんだね。それで怒っちゃったんだ」

彩夏がコクンとうなずきました。

「彩夏さん、この間の外遊びのことおぼえている。亮太くんが『ぼくやりすぎた。ごめんね』って言ったでしょ。亮太くん、ちゃんと謝ったよ。だから、『殺してやりたい』なんて言ったらだめだね。上履きのことは、あなたを困らせようとして言ったんじゃないと思うよ」

彩夏の涙が止まって、怒りの気持ち収まってきました。

「うん、わかった」と彩夏が小さくうなずきました。

さくらの花のスケッチ——彩夏の苦しみと輝き

四年生の四月、理科の時間にさくらの花をスケッチしました。花びらの固まりが五、六個ついた小枝を、グループで囲み、ペンで描くのです。

「よく見て描く、ほんとうによく見て描く。花びらの筋ひとつも見落とさないでね」

静かに集中する子どもたち。花びらの一点からジリジリとゆっくりペンが動いていきます。教室は、ときどき小さなため息が聞こえるくらい。子どもたちは、さくらの花びらと自分の絵とを見比べて、再びスケッチに没頭していきました。

ところが、しばらくして彩夏の席から深く長いため息が聞こえてきました。画用紙をそっと見ると、彩夏の線は花びらの一枚の描き出しの部分でそのまま止まっていました。顔の輝きはすっかり失せて、瞳のなかに困惑と悲しみが生まれていました。かすかに動いていた手は、もう止まったままです。

彩夏は、しばらくして突然立ち上がると、さくらの小枝をもちながら教卓の前にやってきました。

「このさくらダメなの。他のに変える！」

そう言って、床を強く踏みつけながら席に帰っていきました。描こうと思うのだけれど思うように描けないもどかしさと、彩夏はひとりでたたかっているようでした。

新しいさくらの小枝を机に置いたのですが、彩夏の手はやはり動きません。あふれ出す涙と怒りに必死に耐えながらさくらの花びらを見つめています。もう、始まって三〇分が経ちました。

「困ったな、彩夏はきょうは無理だな」

と思ったときでした。彩夏の手が勢いよく動き出しました。それまでの戸惑いや閉ざされた心がうそのように、グイグイと描いていきます。終業のチャイムが鳴っても描き続けていました。一五分くらい経ったでしょうか。カタリと彩夏のペンを置く音が聞こえてきました。

「できました！」

一枚の絵を抱えて、彩夏がうれしそうにわたしのところにやってきました。

「できたか、がんばったね。どんな絵が描けたかな、見せてね」

わたしは、その絵を見て言葉を失いました。それは、九歳の少女の絵ではありません。画面いっぱいに強く鋭いタッチでデザインのように描かれた見事な桜の花の絵でした。

「すごいね！　彩夏さん。素敵な絵だ。」

彩夏の描いた桜（B５の画用紙いっぱいに描いた）

花びらを見つめて描いた別の子のスケッチ

彩夏の絵から子どもの心の育ちの危機を考える

彩夏の一時間にわたる苦しみと一枚の絵の鮮やかな表現を見て、わたしはこの子のなかに「いまを生きる」ことへの〝苦悩〟と悲しみを帯びた〝切ないたたかい（生の選択）〟があることに気づきました。「切ないほどぎこちなくいまを生きている」――そう思いました。

彩夏の絵から、わたしは次のように考えました。

第一に、『よく見て描く、ほんとうによく見て描く』という課題は、彩夏にとって苦痛を強いるものではなかったか、ということです。

これまで三・四年生にこうした課題を出したとき、子どもたちはそれまでの幼児的な世界の表現にあきたらず、対象と格闘し事物をリアルにとらえようとして矛盾する自己とたたかい始めました。そして、一本の線を選び始めます。

子どもたちは、描き出される自己の表現に驚きながら、自己の内部に表現と認識の変革を起こしていきます。対象との対話と相互作用が生まれているといってもよいでしょう。これまでの子どもたちは、そのことに何ら疑いをもたないで、安心して身をまかせていきました。

しかし、彩夏にはこの変化が肯定的には受け止められませんでした。事物をリアルに見つめ描いていく作業は、裸の自己との対話を迫り、ありのままの自己が問われることになります。彩夏は、そのことを前にして混乱したのではないでしょうか。

自己を他者や自然にゆだね、失敗や傷つくことがあっても、安心とこころよさのなかでそれが受け止められるとき、子どもは自分が変わることを恐れません。その変化をむしろ喜びとして受け止めます。これが、子どもの希望を生み出す力であると思います。

これまでの子どもの発達にあっては、それは疑うことのない真実であり自然な姿と言えました。しかし、彩夏にはその感覚がないのです。自己が変わることの喜びを、彩夏はむしろ危機と受け止めたのです。それを察知した彼女は、表現を拒絶することによって自己を守ろうとしたのだと考えられます。

第二に、彩夏は苦しみのなかから新たな表現を模索し発見していきました。そこにわたしは、いまを生きる子どもたちの〝危うさ〟の対極にある〝鋭い可能性〟を感じます。

彩夏は、震えながら「苦悩と悲しみを帯びたたたかい」のなかで、一つの表現方法を見出していきました。子どもらしい対象との自然な対話やその変化に耐えることのできない彩夏は、必死で自己の内部を模索します。そして、彩夏がなしえたことは、おとなや教師を驚かせるような鋭い抽象化したデザインの選択だったのです。

彩夏の体と心の内部には、それまでの生育のなかで取り込んできた〝力や技〟、認識や表現の〝型や様式〟がありました。しかし、それは対象と自己が複雑な対話を繰り返しながら、無理なく新たな段階に変化していくような、子どもらしい〝やわらかさ〟や〝多様性〟をもつものではありませんでした。〝記憶の引き出し〟から必死に選び出し、もてる力で〝構成〟し、描き出したのだと思います。

こうして考えたとき、彩夏のこれまでの言動の意味や背後にある願いが見えてきました。彩夏は、『子ども期』を安心して迎える力を身につけることができないまま、事態と向かい合い、幼い命のすべてをかけて生き方を選び取ろうとしてきたのです。それが、彼女の〝鋭さ〟や〝もろさ〟につながっている、と。

3　〝鋭さ〟と〝もろさ〟、そして自他への「攻撃性」

彩夏の物語だけが、教室風景で突出しているわけではありません。今日の教室は、深いところで共通の根をもちながら、多様で異質な関係として子どもたちを混在させています。

繰り返される学校の日々。そこでは、子どもたちの何げない会話やしぐさが、小さなドラマが、かすかな泡立ちとなり、時間の流れのなかに見えたり隠れたりしながら、行きつ戻りつして消えていきます。そして翌日、また新たな未来が始まります。

わたしたち教師やおとなは、子どもたちが大過なく過ごしていると安心し、子どもたちの発するメッセージを見落としてしまうときがあります。しかし、ていねいに見つめていくと、そこにはさまざまな〝生きづらさを抱え苦悩する子どもたち〟の姿があります。

ここでは、彩夏と同じように九歳、一〇歳の日々を、傷つきやすく震えながら、あるいは存在を問いながら生きる陽子と翔太の物語を紹介しましょう。

わたしなんか生きていたってしょうがない

陽子は、授業中静かにわたしの言葉を聴き取り、よく発言し、豊かな表現力もありていねいに課題をやりとげるかしこい子どもでした。

九月の夕暮れ、陽子の母親から緊急の電話がありました。

「陽子が包丁を自分に突きつけ『わたしなんか生きていたってしょうがない』と言うのです。先生、いますぐ来てください」

駆けつけると陽子は、不安な目で食卓に座っていました。陽子に断って椅子を寄せ、そばに座って話しました。これまでも何度か、カッターやはさみを自分に突きつけていたと言います。落ち着きを取り戻した陽子は、目を閉じて静かに呼吸を繰り返していました。

陽子は、母親の意向にそって「かしこさ」を身につけ「よい子」をやり続けてきたのですが、いま、自立の危機と向かい合い揺れていました。学校の行き帰り、放課後、仲間たちは彼女の存在を無視したり拒絶したりしないのに、交わりの技を欠いた彼女は、「わたしは無視された」「みんなとうまくやれないの」と言って、傷つき、家で爆発しました。

友だちの奈緒子と二人で、リコーダーを楽しく吹いていたのですが、演奏に対する自分のイメージがあって、それが実現できず、自分に腹を立てて怒り出しました。奈緒子は、なぜ陽子が突然怒り出したのかその理由がわかりません。二人の関係にひびが入っていきました。

休み時間の体育館です。クラス入り乱れて子どもたちがバスケットボールをして遊んでいました。陽子も仲間に加わり、嬉々としてコートを駆け回っていました。ところが、しばらくすると突然、陽子の顔が引きつりました。そこには、苛立ちと悲しみと怒りが混じったような複雑な表情が生まれていました。

いくら追いかけても、パスがこないのです。陽子は、床を二、三度強く踏みつけると、仲間の輪から抜け出していきました。体育館の扉の前でくちびるを噛みしめ外を見つめています。仲間と自分自身に腹を立てていたのです。

体育の授業では、グループの協力をとても大切にします。だから、陽子にも仲間からのパスがきます。陽子は「わたし、ドリブルができた」「シュートもできた」と、その日を振り返りうれしそうに報告してくれます。ところが、休み時間は、授業とはちがった〝子どもの世界〟が展開します。

激しくボールを奪い合い、夢中でプレーし、鋭く味方にパスして得点を競います。途中で、転がったりじゃれあったり、少しルールを逸脱したりしながら、それも楽しんで大笑いしています。野性味あふれる自然な子どもの世界と言ってよいでしょう。

子どもが生きるとは、そうした仲間たちでつくり上げる少しシビアな空間を、むしろ当たり前のことのように受け止めて楽しむ力もまた必要なのです。トラブルは生まれますが、子どもたちは傷つくことを恐れず、楽しさを求めて再び新たな遊びに取り組んでいきます。そうやって少しずつ、自己の抱えるさまざまな感情と折り合いをつけて子どもは成長していくのです。

陽子には、子どもたちが仲間とつくり上げる『子どもの時間』や『子どもの空間』を、傷つかずに受け止める力がまだ充分には育っていませんでした。幼い頃からのそうした体験が少なかったともいえるでしょう。

陽子は、おびえるような不確かな自己と、もどかしい対話を重ねながら不安のなかでたたかい傷ついていました。一方、うまくやれない苛立ちを外部に表出し、自分で気づかぬうちに他者を傷つけてもいたのです。

九歳や一〇歳の少年や少女がまっとうに生きようとしたら、父母の庇護を乗り越えて、ときにはうそをついたり反発したり、隠しごとをもちながら、仲間や群れのなかで新たな居場所を求め、自己を再生し、割り切れない自分を嫌ったり拒絶したりするのではなく、揺れる自分をまるごといとおしみ、受け止め、生きていくような力を獲得しなくてはなりません。

陽子は、いまその歩むべき一歩を模索していました。しかし、これまでに創り上げてきた「わたし」という人格を支える芯が、小さく細く揺れていて、無力で壊れそうで、不安のなかに立ちすくんでいました。

一〇歳の旅立ちを迎える陽子の鋭い感性は、他者を始めとして身の回りの世界に対する自己の存在の意味について強く意識し始めます。うまくやれない自分に傷つき、自己への〝攻撃性〟をいっそう深めているようでした。

陽子の言葉は、存在の根源を揺るがすかのように悲しみを帯びていました。

「わからないの。でもみんなのなかにいると、自分が自分で嫌になるの」

「わたしなんか、いなくなったっていい」

「陽子さん、いなくなっていいなんて言うなよ。お母さんもお父さんも、あなたのこと大好きでしょ。先生、悲しくなっちゃうじゃないか。あなたは素敵な子だよ。先生だってそうだよ。友だちも、あなたのことを嫌ってなんていないよ」

その日わたしは、陽子の心に生きることを肯定し希望につながる意欲が再び生まれるようにと、祈るような気持ちで語りかけました。陽子の顔に少しずつ赤みがさして笑顔が生まれました。大好きなピアノを弾き始めたとき、わたしはほっとして陽子の家を後にしました。

二学期の間、幾度か母親から陽子の危機を知らせる電話がありました。そのたびに、わたしは出かけて行って陽子の気持ちを聞きながら静かな対話を続けました。

「わたしなんていなくなっていい」。そんなふうに心にポッカリと暗い穴が開きそうなとき、「そうじゃないよ。あなたのことが大好きで、いてほしい人はいっぱいいる。先生もその一人だよ。ずっとずっと守っていってあげるから……」と、そんなメッセージを伝え続けていきました。

また、遊びの世界や学びの世界で、陽子の活躍を励まし、素敵な表現を認めながら陽子の生きる力が外側に向かって開いていくように励ましていきました。

先生はぼくの許可なく宝物にさわった

三年生の翔太は、絶えず身の回りに攻撃のバリアを張りながら生きている少年です。

「翔太くん、靴は名前の書いてある下駄箱に入れてください」

「何だよう。好きなところに靴を入れておけってきのう言ったじゃないか」

「きのうは、新学期の始業式があったでしょ。すぐ入学式もあるから、好きなところに入れておきなさいと言ったのです。きょうは、名前のシールが貼ってあるでしょ」

「何だよ。そんなの勝手じゃん。先生、うそつきじゃん」

出会いの日から言葉がとげとげしくて、わたしは驚いてしまいました。

五月の席替えで、翔太は由佳と並びました。由佳は、口数の少ない静かな少女です。しかし、ていねいにノートを取り、課題はしっかりやり遂げる子です。この由佳を、翔太はくちびるを歪めて、汚いものでも見るかのようににらみつけました。由佳がとなりに机を並べようとすると、翔太はゴトリと自分の机を横にずらしました。

「何をするんだ!」

わたしは、声を荒げました。

「だって、俺、こいつ嫌いなんだ」

「由佳さんは、何もきみに悪いことをしていないじゃないか。そういう言い方は許さない」

「こいつ、いっつもぐちぐちして気持ち悪いんだ。何を言ってるかわからないんだもの。俺、やなんだよ」

わたしは、言葉もありませんでした。しかし、このままにしておくわけにはいきません。教室の子どもたち全員に聞こえる声で言いました。

「由佳さんは、クラスのたいせつな仲間だ。先生は、由佳さんが傷つけられることを絶対に許さない。翔太くんもクラスのたいせつな一員だ。きみに、そんなことを言う子になってほしくない。きみが、だれかから『気持ち悪い』なんて言われたら、もちろん先生が守ってあげる！」

わたしの、鋭い剣幕に翔太はやっと由佳に対する攻撃をやめましたが、口のなかではブツブツといつまでも悪態をついていました。

翔太のこの苛立ちや攻撃的な言動はいったいどこからくるんだろうと、わたしは悩みながら四月の日々をザラザラした感覚をもちながら過ごしていました。

しかし、その翔太にもすてきなことがあることを、ある日発見しました。

雨の日でした。放課後の教室に翔太が忘れ物を届けにきたのです。コトリと入り口のドアが鳴りました。小さな黒い影がすりガラスの向こうに映っています。扉の隙間から顔をだしたのは翔太です。

「おや、翔太くんじゃないか。いまごろどうしたの」

翔太の顔が、ぱっと赤く輝いてニコリと笑いました。びっくりしました。ふだんの学校生活では、絶対に見せない素直な子どもらしい顔をして近づいてくるのです。

「先生、これ……、きょう出すの忘れていました」

翔太の手には、その日の宿題プリントが握られていました。強い筆圧で書かれた汗まじりのきちんとした文字が並んでいます。自由日記コーナーに、かわいい犬の絵が描いてありました。

「えらいなあ。ちゃんと宿題がやってあったんだ。雨のなかなのに、もってきたの」

翔太はうれしそうにうなづきました。

「さようなら。気をつけて帰るんだよ」

「さようなら」

わたしは、びっくりしました。翔太の言葉には、とげとげしさが一つもないのです。驚いているわたしのほうに向かって、教室の入り口まで行った翔太がクルリと振り返り、再びトコトコとやってきました。

「先生、これあげる」

翔太が手提げ袋から取り出したものは、黄色い折り紙でつくったキツネの顔でした。わたしは、ハッとしました。

「翔太くん、もしかして、これキツネの〝コンちゃん〟かい」

「うん、そうだよ。先生が、本を読むとき使ってね」

「……！」

「うれしいなぁ。翔太くん、ありがとう。あした使うからね」

翔太は「今度こそさよならだよ」と言って、ドアの向こうに消えていきました。何とも言えないような熱いかたまりがわたしの胸に広がっていきました。いつも攻撃的で、ザラザラした感覚を周囲に振りまいている翔太のなかに、こんなやさしさが隠れていたのです。そのギャップは、とても大きなものでした。

翔太とのつながりが、それから少しずつ深まっていきました。翔太は、叱られるときは悪態をつきますが、わたしを信頼し、困ったときは助けを呼ぶようになりました。

算数の授業中のことでした。

「先生……」

翔太が消え入るような声でわたしを呼びました。それは、とても弱々しく甘え震える声でした。近づいていくと、割り算の立てる数の場所を指差し、「ここでいいの……」と聞いてきます。「いいよ」と答えて、わたしが、「立てる数はね、いいかい……」と、さらに説明を加えようとすると、翔太が小さな声で鋭く叫びました。

「どけよ」

「……！」

「あっちへ行ってよ」

〝助けを求めておきながらその言い方はないよ〟と、わたしは思わず叱りつけたいような気持ちになりました。しかし、ハッと気がつきました。翔太は、弱い裸のままの自分を見せるのが怖くて、拒絶の壁を築いたのではないか。この子の心のなかは、弱さや幼さを抱えたままの〝小さな震える宇宙〟なのだ。かぎりない〝甘え〟を示す一方、〝もろく壊れそうな自我〟があって、それを守ろうとする誇りの感情が、相手を傷つけるような〝攻撃性〟となって表れているんだと。

翔太は不安のなかで助けを求めながら、他者の侵入は許さないのです。「それ以上、ぼくに踏み込んで来るな」とバリアをはり、おびえながら身構えているのでした。

六月の休み時間のことでした。翔太は、再び由佳を傷つけ、明が「やめて」というのにしつこくからんで小さな暴力を振るいました。次の時間は、Y先生の音楽の授業です。子どもたちを音楽室へ送り出した後、翔太を呼び止めました。

「先生、何。俺に何かよう」

翔太は、叱られるのがわかっているのか、うそぶきながら教卓に近づいてきました。

「さっき由佳さんが、きみの席の近くを通っただけなのに『触るなよ！』って言ったでしょ」

「ああ、言ったよ。あいつ俺の机のそばを通ってじゃましたんだ」

「そんなことないよね。由佳さん、とても傷ついたよ」

「勝手に、傷つけば……」

「そういう言い方は、よくないな。謝りなさい」

「わかったよ。謝ればいいんだろ」

「……。明くんにしつこくからんだことだけれど、明くん泣いていたね。何があったの」

「あいつ、俺と遊んでいたんだ。明だって、俺にしつこくしてきたんだ。だから、お返しをしたわけ。あっちだって悪いんだ」

翔太は、ああ言えばこう言うで居直ったまま、素直なようすを見せませんでした。そのうちに、わたしとの話はもう打ち切りだと言うように、教室を出て行こうとしました。

「先生、もういいでしょ。俺、行くよ」

「いや、まだだ。待ちなさい」

「うるさいなぁ。もう行くって言ったでしょ」

「だめだ。まだ話はすんでないね」

それでも、翔太は身をひるがえして出て行こうとします。わたしはサッと翔太の手をつかみました。

「やめてよ。触るなよ」

「先生は、きみとまだ話をしたいんだ」

「勝手に俺に触らないでよ」

翔太は、握ったわたしの手を強く振りほどきながら言いました。

「先生は、勝手に触ってるわけじゃない。きみが、まだ話が終わっていないのに、逃げていこうとするからだ」

翔太は、そのとき、目に涙をいっぱいに浮かべて泣きながら抗議の叫び声をあげました。

「先生だって、ぼくの許可なく勝手に宝物に触ったじゃないか！」

わたしは、翔太が突然何を言い出すのかと戸惑いました。

「先生は俺んちに来て、宝物に触ったじゃないか。勝手に触ったじゃないか。ぼくは、触ってほしくなかったんだ」

翔太の言い分は、この日の話とはまったく関係ありませんでした。しかし、わたしは彼の言葉のなかに、何かとても大切な〝子どもの意思〟が含まれているようで、じっと耳を傾けました。

翔太は、必死にわたしという他者とたたかったのだと思います。「ぼくという人間のすべてを、先生に委ね、支配されたくない」、そんな誇りの感情もあったのではないかと思います。翔太の心にしこりのように残っていて、ずっとこだわり続けていた納得のできない光景があって、それがわたしとのやり取りで突然よみがえってきたのだろうと思いました。

五月、家庭訪問で翔太の家を訪ねました。わたしは、子どもたちの家を訪問しながら「大切にしている宝物があったら見せてほしいな」と言ってありました。子どもたちと宝物を通して、心をつなぎあいたかったからです。

翔太の宝物は小さな『アンモナイトの化石』でした。わたしは、「へえ、こんな素敵なものをもっているんだね」と言いながら、箱の中のアンモナイトを取り出しそっと触りました。翔太は、そのことを言っているのです。

「先生は、きみが宝物に触ってほしくないということを知らなかった。謝るよ。ごめんなさい。でもね、みんなの家で宝物を見せてもらって触らせてもらっていたんだよ。楽しかったし、うれしかったからね」

わたしが謝ると、翔太の泣き声から怒りの感情が消えていきました。泣き声は甘えと変わり、しゃくりあげながら言うのでした。

「ぼくは、宝物に触ってほしくはなかったんだ」

「そうか、わかったよ。翔太はずっとそのことを心のなかにしまっていて言いたかったんだね」

翔太がコクンとうなずきました。それから、翔太はこの日の自分の非を認めて二人に謝ることを約束しました。

わたしは、翔太の心のおびえと震え、そしてそれを覆い隠すような〝攻撃性〟について考えさせられました。あの宝物は、翔太の心そのものであり、わたしが許可なく触ったことは、翔太の、柔らかでまだかたちもみせない心の内側に土足で踏み込んだことを意味しているのかもしれない、と思いました。同時に翔太の言い分はおとなや教師から見れば不当な言いがかりともいえますが、もろく壊れそうな自分を守ろうとする強い願いがあって、「先生がぼくの気持ちに寄り添ってくれた」とわかったとき、初めて安心して心を開き身をゆだねたのだと思いました。

4 子どもの人格形成や心の発達に何が起きているのか

わたしはこれまで、幾人かの子どもたちの生きる姿を追いながら物語を綴ってきました。子どもたちの人格形成や心の発達の危機は、なぜ起きるでしょうか。その背後にあるものや原因について的確な答えを示すことはできませんが、わたしは長い間、教師として子どもと生きる日々を送りながら、いくつかの点について考え続けてきました。

その一端について考えてみたいと思います。

「アメーバ型」か「ヒトデ型」か

第一の特徴は、いまを生きる子どもたちの心や人格がきわめて脆弱なかたちでしか存在しえなくなっているのではないかということです。

子どもは、外側からの刺激や情報を受け取りながら、同時に身の回りの世界に主体的主導的に働きかけていきます。このことを広い意味で「対話」と呼ぶなら、主体的な活動は修正を繰り返しながら、子どもの内側に新たな力や認識を獲得させていきます。

それはつねに、その子らしい「納得」に支えられています。この過程が安心と自由のなかで保障されるとき、初めて〝自己意識〟の豊かな成長があるでしょう。今日の子どもの危機、「鋭さ」の背後にある「もろさや壊れやすさ」は、この子どもらしい成長と発達のしくみにゆがみやきしみが生じているからではないかと考えます。

子どもは、好奇心や憧れ、こころよさなどから、新たな探索や冒険に旅立ちます。それは、喜びばかりでなく、幾度も手痛いしっぺ返しを受けるのですが、自ら選び取った意識と行為への自覚に支えられて――それを励まし、見守り、喜んでくれる他者の存在もまた大切な役割を果たしていますが――「納得」が生まれていきます。

この繰り返される主体的な活動が、〝自己意識〟を深く豊かに形成していくように思います。ところがいま子どもたちは、子ども自身の力によって勝ちとるべき自然や社会との「対話」を、さまざまな場面において奪われているように感じます。疎外されているのです。だから、生きることのこころよさや深い喜びとともに、つらさや痛み、失敗や困難などを幼い心でしっかりと受け止め、他者や自然、社会を内部に取り込み、ゆっくりと自己を修正したり修復したりしながら、新たな自己を形成していくことができないのです。

他者とのつながりに傷つきやすく、心を閉ざしたり「キレ」たりする子どもたちは、このようにして生まれてくるのではないでしょうか。

このことを、二つのモデル図を使って説明してみましょう。わたしが名づけたものですが、一つは「アメーバ型」、もう一つは「ヒトデ型」と呼べるものです。一人の子どもの心や人格を、形式的なモデル図を使って示すことは本来不可能なこととも言えますが、わたしの「子ども観」を理解していただくうえで取り上げてみました。

「ヒトデ型」は、今日の子どもの生きる姿の特徴を捉えモデル化したものです。星型の飛び出した突起状の部分をかりに触手と呼ぶとき、それは、子どもの成長と発達の自然な要求から生まれたというより、今日の社会を生き抜くために、わが子に「いろいろな力をつけてあげたい」「優れた力を早くから見出し伸ばしてあげたい」という父母や保護者の切実な願いから生まれています。いずれも子どもの外側からの願いや刺激によって身につけられてものです。触手と触手の間は独立し、それぞれの触手は個別の力としてその子の「個性的」な〝輝き〟を表しています。しかし、それらの〝輝き〟の一つひとつは柔軟性を欠き、硬直したものとなっていて、新たな事態への対応能力は極めて低いと言ってよいでしょう。

たとえばそれは図に示したように、幼い頃から取り込まれた二次的な言語能力、漢字やかたかなの読み書きの力、ピアノやバイオリンなどを演奏する力、また、スイミングやそろばん塾などで培われる力であり、英語に慣れ親しみ話したり聴き取ったりできる力です。サッカーや野球、ゴルフなどに取り組む力であり、計算力などもその一つと言えるでしょう。その子の『商品的価値』とつながる、かわいさとか歌や踊り・演技などの能力もまたそうした部分の一つと言えるかもしれません。

多くの子どもたちが、今日こうした「ヒトデ型」の能力を早くから身につけるように期待され

アメーバ型

Ⓐ
Ⓐ
・柔軟性や修復力を持ち、少しずつ成長していく『人格』

ヒトデ型

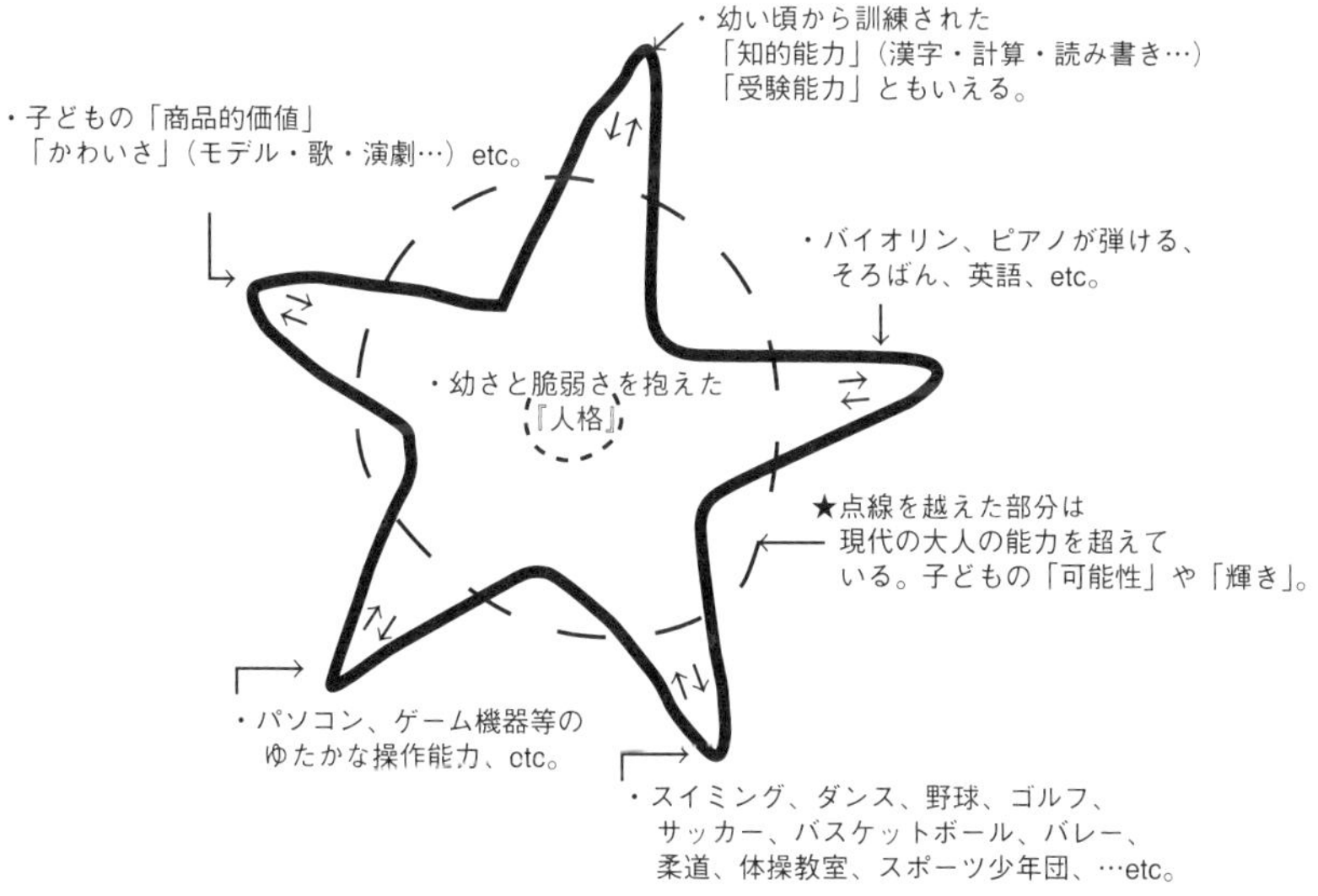
・幼い頃から訓練された「知的能力」（漢字・計算・読み書き…）「受験能力」ともいえる。
・子どもの「商品的価値」「かわいさ」（モデル・歌・演劇…）etc。
・バイオリン、ピアノが弾ける、そろばん、英語、etc。
・幼さと脆弱さを抱えた『人格』
★点線を越えた部分は現代の大人の能力を超えている。子どもの「可能性」や「輝き」。
・パソコン、ゲーム機器等のゆたかな操作能力、ctc。
・スイミング、ダンス、野球、ゴルフ、サッカー、バスケットボール、バレー、柔道、体操教室、スポーツ少年団、…etc。

て子ども期を生きています。子どもたちへの自由な時間は保障されているという反論も生まれるのでしょうが、そこに流れる価値は、こうした期待から逃れることはできず、子どもたちはその眼差しのなかで生きているといってよいでしょう。もちろんそれに組しない子どもたちがいることを否定しませんが……。

この「ヒトデ型」に示される子どもの人格の特性は、今日の子どもたちの人格形成と心の発達の危機や困難と切り離しがたく結びついているように思います。なぜなら、そうした各種の能力を取り込むことで、その子どもの人格や心の豊かさが耕され、ふくらみをもち、明日への好奇心や修復力、復元力などが身につくとは考えられないからです。

いずれも、子ども自身が子どもらしく生きていくうえで、自ら選び取り「納得」したものではありません。それらは大人たちによって操作されプログラム化された内容が準備されたものです。子ども自身による自然や他者との「対話」は生まれてはいないのですから、子どもが「生きる力」を身につけることはできません。また、この突出した力（触手）を得るために費やす時間と空間は、子どもが本来身につけるべき「生きる力」をおろそかにし、弱体化しているといっても言い過ぎではないでしょう。

しかし、この「ヒトデ型」の人格形成の一つの特性として、「優れた力」の可能性についても触れておかなければなりません。それは現実との濃密な「対話」を欠き、大地に足場を置かない「想像」や「抽象」とより強固に結びついていますが、社会の激しい変化と情報化などの嵐のなかで、かつての子どもたちであるなら決して手に入れることのできなかった能力を、いともたやすく身につけていることです。

「ヒトデ型」の触手にあたる部分の「優れた力」は、わたしたちおとなや教師をその点でけるかに凌駕しています。それらは、優れた感覚や表現能力、危機を察知するような鋭い感性となって、子どもたちの人格に深い影響を与え蓄積されています。これが、今日の子どもたちを特徴づける〝もろさ〟の対極にある〝輝き〟や〝鋭さ〟などとつながっているのだと、わたしは考えています。

しかし、いま子どもたちにほんとうに必要なのは、もう一つのモデル図「アメーバ型」のような心と人格の形成です。それは、つねに動的で可塑性に富み、やわらかくしなやかで、迫りくる事態に対しそれを内部に取り込みながら、新たな自己をつくり出していく豊かで創造的な力をもつものです。「ヒトデ型」のように多様性を欠き硬直したかたちを維持するのではなく、特定の能力によって規定されない、創造的で柔軟な「未知の可能性」を秘めた心や人格と言えるでしょう。

「ヒトデ型」のなかでは、自我が豊かに育つ可能性はとても低いでしょう。「わたし」というものを自覚化し支える自我は、「主体的主導的活動」による「対話」でしか育たないからです。「アメーバ型」を生きる子ども——子ども期が保障される生き方——のなかにこそ、それは確保され、確かな自我が生まれていく可能性があるのです。

子どもの心や人格形成の危機

第二に、子どもたちは、子ども世界など一顧だにしない強いストレスや刺激のなかを生かされているという問題です。

ここでは、人間的な自己を保ちながら生きていくことが困難になっています。

子どもたちの身の回りの世界や現代社会に対する関心は深く鋭いものがあります。しかし、子どもは有無を言わさず〝刺激の海〟に投げ込まれ、この世に生を受けた瞬間から、消費や欲望が支配する世界に取り込まれ、そのなかを生きていかざるをえません。

幼い頃からのパソコンやゲーム機器、バーチャルな世界との出会い、メディア商品の氾濫などもその一つでしょう。

そこでは、子どもの関心や好奇心が歪められ、「納得」など無視されています。自己に関わるすべてを自らの制御下において人格をふくらませたり太らせたりすることはできません。統一した人格の形成は困難をきわめます。

子どもは、〝他者〟によってつくり出された「偽りの要求」に支配され、人間的な自己を形成できないまま、知らぬ間に激しい痛みやストレスを抱えることになります。度を越したストレスや刺激に対しては、みずからを閉ざすか無関心を装い、嵐が過ぎ去るのを待つしかありません。

このことが繰り返されるとき、子どもは自己の内面にみずからが関わることのできない〝闇〟

を抱え込むことになります。あるいは、〝別の人格〟が影のように子どもの内部に巣食い始めると言ってもよいでしょう。光と闇への心や人格の分裂です。

今日、連続する少年や少女の事件には、こうした心や人格の分裂とも思われるような事態が指摘されています。神戸の少年による連続幼児殺害事件（二〇〇〇年）や長崎の六年生少女による同級生殺害事件（二〇〇四年）を始めとして、「よい子」や「ふつうの子」と呼ばれるような少年や少女による事件と、そこにある子どもたちの「心の闇」の問題です。

母を殺害後、切り離した手首に白いスプレーをかけ、植木鉢に挿しておいた高校三年生の少年の事件も報道されました（福島県、二〇〇七年五月）。新聞報道によれば「文武両道。あらゆる分野で活躍していた」（少年の通っていた中学校の校長の言葉）少年です。高校では「無口で『一人を好む』生徒に」なったけれど、「おとなしく、取り立てて心配だ、という生徒ではなかった」（少年を知る高校関係者の言葉）といいます（『朝日新聞』二〇〇七年五月一八日付）。

この少年の心にどのような変化が生まれたのでしょうか。人間を否定するような「心の闇」が形成され、それが〝攻撃性〟となって転化し、ある日突然爆発したようです。少年少女の悲惨な事件の背後には自分の意識ではコントロールのできないような別の人格が生み出され、せまりくる危機や困難に対処できず、その支配に身や心をゆだね始めていく姿があったのではないでしょうか。

わたしは、こうした事件のなかで忌み嫌われるように取り上げられる「心の闇」について、異なる見解をもっています。一人の子どものなかにある「心の闇」の世界は、本来否定されるべきものではなく、「光」の部分と分かちがたく結びついていて、子どもや人間が生きるうえで欠くことのできないものではないかと考えています。しかし、それはいま、「光」と「闇」の部分に無理やり引き裂かれ、二極化し、「闇」は子どもたちの〝敵対物〟となり、存在をおびやかすものとなっているような気がします。

子どもが生きるとは、つねに正義を実現し、過ちを起こさないで、光のなかを輝いて生きることではありません。激しい感情やせつないほどの思いに駆られながら、試行錯誤し、喜びやここころよさを感じる一方、意地悪をしたり意地悪されたり、泣いたりわめいたり、そうした〝負の感情〟をも抱え込みながら少しずつ折り合いをつけて生きていくものです。

この〝負の感情〟を抱えるからこそ、子どもの内面に葛藤や対話が生まれ、心や人格の複雑な色合いや深みが生まれていくのです。もちろんその過程にあっては、子どもを見守る人びとの、深い愛情がその子のあらゆる行為と存在を支え受け止め続ける必要があります。

傷ついたり落ち込んだり、悲しみにくれ希望を失うような出来事と出会ったとき、「わたし」を支え、時には癒し、新たな希望へ導いてくれるのは、「わたし」のなかにある言葉では言い表すことのできない深い安心を広げる「心の闇」とよべる世界です。

六年生の〝荒れ〟る子どもたちを担任したとき、こんな場面と出くわしました。五、六人の子どもたちが、休み時間や掃除の時間にときどき姿を消すのです。彼らは、体育館の隅にある倉庫によく隠れました。重い扉をガラリと開けると、輪をつくりトランプをしています。「コラッ！」と叱ると、首をすくめて「ごめんなさい」と謝りました。あるときは鋭い目でおとなや教師をにらみつけ、またあるときは心を閉ざしたまま、浮遊するかのように別世界を漂う子どもたちでした。

ある日、いつもと同じように姿を消した子どもたちを追って、体育館に行きました。倉庫の扉を開けると、彼らの姿はありません。「おやっ」と思って当たりを見回すと、倉庫の棚にある黒い暗幕が揺れていました。

「こら、そこに隠れているのはわかっている。出てきなさい」

わたしがそう言うと、彼らが答えました。

「先生お願いだから、もう少しこのまま居させてよ」

「……」

わたしは、思わず笑い出してしまいました。それから、せつなさに胸が痛みました。まるで幼子のような言い方だったからです。

「じゃあ、もう少しだけ……。チャイムが鳴るまでだよ」

子どもたちは、いまという時代の重いストレスや激しい刺激の渦のなかにいて、自分を振り返るような、やさしくて静かで穏やかな時間を生きることが困難になっているのです。子どもたちの選び取ったいたずらは、文字通り暗幕で閉ざされた「闇」の世界に自分の身を浸し、そっとゆだねることでした。子どもたちは、この不夜城のような暗闇を失った世界と、けたたましい音や刺激の世界から、だれに教わったわけではなく自分の身を守ろうとしたのではないでしょうか。わたしには、そんなふうに思えました。

わたしは、子どもや人間にとって生きることの土台となり基底的な感情を支え、静かに自分を見つめ振り返ることのできる、こうした深い意味をもった「心の闇」の世界を、どの子にもていねいに保障し、育てていく必要があると考えます。

「闇や影」を否定するのではなく、悲しみや怒り、ねたみや嫉妬、不条理や不合理、混沌と言ったものを受け止め、取り込み、内部で壊れたり分裂したりするのではなく、戸惑いや停滞、沈黙を重ねながら、ゆっくりと自己の再生につなげていくような〝心の器〟の広がりと深まりを創り出していくのです。

今日の子育てや教育は、「よい子」や数字に表れるような価値を過大評価し、子どもの抱える〝負の感情〟や行為を否定します。そこでは、すばやい対応での白黒の決着や規範意識の徹底が求められ、子どもたちの内的な葛藤や試行錯誤が許されず、たいへん息苦しい世界となっています。

「よい子」の眼差しに取り込まれたり、競争の教育の価値観に捉われたりして生きる子どもは、自分の心の奥底に生まれてくるほんとうの感情と出会うことができません。「悪」や「闇」、「影」

につながる感情を、「よい子」という枠組みで排除し、「わたし」の存在を脅かすものとして拒絶し、心の奥底に閉じ込め蓋をしてしまうのです。

しかし、子どもはいつまでも、親や教師、社会の求める「よい子」を続けていくわけにはいきません。成長と発達のエネルギーが、子どもたちを新たな舞台へと押し上げ、いままでの「わたし」であることを許さず、激しい矛盾となって出口を求めて暴れだすからです。心に閉ざされ、しだいに肥大化していく「闇」を、その子自身の力で押し殺すことはできません。何かの小さなきっかけがあれば、それはあふれ出し、爆発するのです。

不安感や孤立感の増大

第三に、これまで以上に強固な競争原理や能力主義にもとづく子ども観や教育観が子ども世界を取り込み、支配している問題です。父母や教師、子育てに関わる者の眼差しも、こうした力を前にして激しく揺れ動き、ときにはこの力に屈し、子どもたちを危機や困難へと追い込むものとなっています。

そして、子どもたちの不安感や孤立感は増大し、今を生きることへの安心や希望が失われていきます。それは、見捨てられたらどこまでも深い闇のなかに落ちていくような不安感や孤立感です。

子どもは早くから、成育のスピードを競わされ、認知能力や言語能力などの習得においても速さと効率が求められ、さらに〝個性〟という名のプレッシャーを受けて育ちます。

父母や教師の願う価値を少しでも早く実現しないと、無視されたり、冷たい眼差しと出会ったりするのです。彼らの何気ない喜ぶ顔やしぐさによってそれは子どもの意識に深く刻まれていきます。

子どもは、そうした眼差しのなかで愛され認められるために「よい子」を演じることになります。幼い時期から、何かが「できる」ことに人一倍敏感となり、「できない」自分を認めることができません。拒絶し、攻撃し、時には固まってしまうことがこうして起きるのです。

もちろん、子どもたちが早期教育や塾・習いごとで身に付けた技や能力は、求められる場においては役立ち、見る者や本人さえも驚かせます。しかし、「ヒトデ型」人格の形成においてすでに述べたように、そのことによって子どもの内面や生きる力がより豊かになることはありません。「対話」と「納得」とによって自ら試行錯誤し、自己を育て上げたものではないからです。他者を驚かすような能力を身に付けても、人格を支える〝芯〟は依然として幼さを抱えているのです。

子どもの生を支える「つながり」と「関係性」の希薄化

第四に、考えられること。それは子どもたちの生きる世界が、おとなたちの気づかぬうちに――ほんとうは多くの人びとが早くから気づいていたのですが――彼らの成長と発達の支えとなる多様な世界との「つながり」や「関係性」を切り裂き、失わせてきたという問題です。

わたしは、一人の子どもを取り巻く自然や社会および回りの人びととの「つながり」や「関係性」が、その子の存在のあり方や生き方を決めるほど、重要で大切な役割を果たしているように思います。

いま子どもたちのなかにある危機や困難は、突き詰めていくと、子どもが「生きることの意味を問い」、あるいは「生きることの意味を問わずにはいられない」状況として、また「なぜ生きることがこんなにさびしくつらいことなのか」、そんな子どもたちの悲鳴として、存在の根源を問うように問題が表出してきています。

子どもたちの生きる力は、「『わたし』がいま〝在る〟こと」への絶対的な安心と信頼、確信を基盤にしています。そのことが保障されて初めて、子どもの〝明日〟と〝希望〟が生まれます。わたしたちは、社会のあり方として、この子どもたちの生存にとって欠くことのできない「安心・信頼・希望」の〝土壌〟を傷つけ奪い去ってきたように思います。この〝土壌〟をもう一度子どもたちに取り戻してあげなければと考えます。

いまから五〇年前、わたしが子どもであったとき、身の回りの自然や社会との「つながり」や「関係性」は、今日の子どもたちのそれとは比較にならないくらい強いものがありました。しかし、すでにその頃、村で農家を営むわたしの家にも商品化の波は訪れ、テレビなどのバーチャルな世界もそれまでの価値を激しく転換するかたちで侵入してきていました。

また子ども世界においても、異年齢の子ども集団の遊び関係を残しつつ、その中心は同年齢集団の遊びへと質を転化させていく時代でした。しかし、その遊びは、依然として学校的な関係よりも地域、町、村の内部を中心として展開されていたように思います。

もちろん、この子どもたちの村や町の居住区を中心とする異年齢集団の遊びとその「つながり」には、ボス的な支配関係や子ども一人ひとりの自由な飛翔と逸脱を許さないような隠れた微妙な問題もあったことは確かです。しかし、そのことを差し置いても、かつては、一人の子どもの存在を受け止め孤立させないような人間関係がそこにあったことは認めてよいでしょう。

二人の子どもAとBのモデル図を参考にして、「つながり」と「関係性」について考えてみましょう。Aはわたしが子どもであった頃を、Bは今日の子どもたちの生きる姿を表しています。過去を取り上げるのは、昔を懐かしみ、すべてが良かったと単純に比較するためではありません。子どもたちを支える「つながり」と「関係性」が、今日どれほど無視され希薄となっているかを見てほしいのです。

Aを取り巻く第一の関係は、三人の兄弟たちと父母や祖父母の存在です。朝夕の食事を共にし、雨戸の開け閉めや風呂たき、まき割り、掃除などの役割も担っていました。

第二の関係は、村を貫く一本の農道からわき道に入ったところに四軒の農家が位置し、そこに一三人におよぶ異年齢の子どもたちがいました。わたしは、五歳上の兄たちからさまざまな遊びの影響を受けつつ、兄たちが中学へ通い始めた頃から、「星の子団」という私的子ども組織をつくってリーダーとなり、勉強ごっこや探検ごっこを楽しんでいました。

第三の関係は、さらに同心円的に空間と仲間が広がっています。小さな村のなかの関係ですが、学校へ通い合ったり互いに行き来して徒党を組んで遊んだりする仲間たちです。

第四の関係は、そうした子どもたちの父や母と祖父母の存在です。若者も位置していました。母を助けて野良仕事をしていると「よく働くね」と声をかけられることもありました。村の子どもたちと遊んでいるときは、無言でただ黙々と風景のように働いている人たちです。

第五は、そうした村人の一切を含む山や川、畑や田、木々や橋などの存在です。嵐の日は、水が湖のようにあふれ出し農道を隠して子どもたちには恐ろしいものでしたが、何気ない日々においては、そこに吹く風や匂い、夕暮れの闇や影などを含めて、一人の子どもの存在を丸ごと受け止めてくれるような安心と信頼の土台がありました。

この「つながり」や「関係性」は、日本社会の当時の高度成長期の激しい変化と、競争の教育への学校の質的転換のなかにあっても、その圧力はまだそれほどの力をもたず、価値の相対的な独自性が保たれていたように思います。まだ多くの子どもたちは、学校的価値の世界から家に帰ると、別途の価値をもつ世界を生きることができたのです。

こうしたAのモデル図と較べると、Bのモデル図の問題は明かです。一見して気づくのは、「つながり」と「関係性」の想像を絶する脆さと希薄さです。

Bは、いまを生きる四年生数人の男子を例に、一人のモデル図を創造してみました。第一の関係を見てみましょう。兄弟は二人、兄は私立中学に電車で通学。父親は国内へ単身赴任、家庭は母子三人の生活です。Bは、家に帰ると少し休んで受験塾に通います。家では塾の宿題をしたりゲームをしたり、テレビを見ることなどをして過ごしています。これでは、母子の「関係性」が適度な度合いを超えて強くなり、互いを干渉しすぎたり敵対的な関係が生まれたりしないか心配です。

第二の関係は、学校とのつながりです。地域での仲間との遊びもありますが、それは、学校からの約束で成り立ち、週二、三回、それも数時間の遊びです。同年齢で同じクラスの気の許せる友だちとの遊びです。

Bの「つながり」と「関係性」のモデル図で中心に位置するものは、この図では学校だけです。Aと比べていかに子どもの生きる世界が狭いものかがわかります。子どもたちは、学校で授業と休み時間をともに過ごすなかで、気遣いをしながら仲間との折り合いをつけていることが予想されます。さまざまな友だちと時を忘れて夢中になり、なりふり構わず遊びながら、多様な価値のなかで生き生きと育っていく子どもの姿はここにはありません。

第三の関係は、孤立した点のように位置づけられる塾や習いごと、「スポーツ少年団」、インターネット、ゲーム、テレビなどとのつながりです。当然のごとく塾や習いごと、「スポーツ少年団」で、深い人間的なつながりが生まれるわけではありません。子どもの心を捉えるゲームやテレビなどはだれもが指摘するように、具体的な人間との生々しい心や体の触れ合いはありません。つくられた世界のなかに、子どもたちの心や意識が取り込まれていくことも心配です。

A図(「わたし」の少年期…50年前)

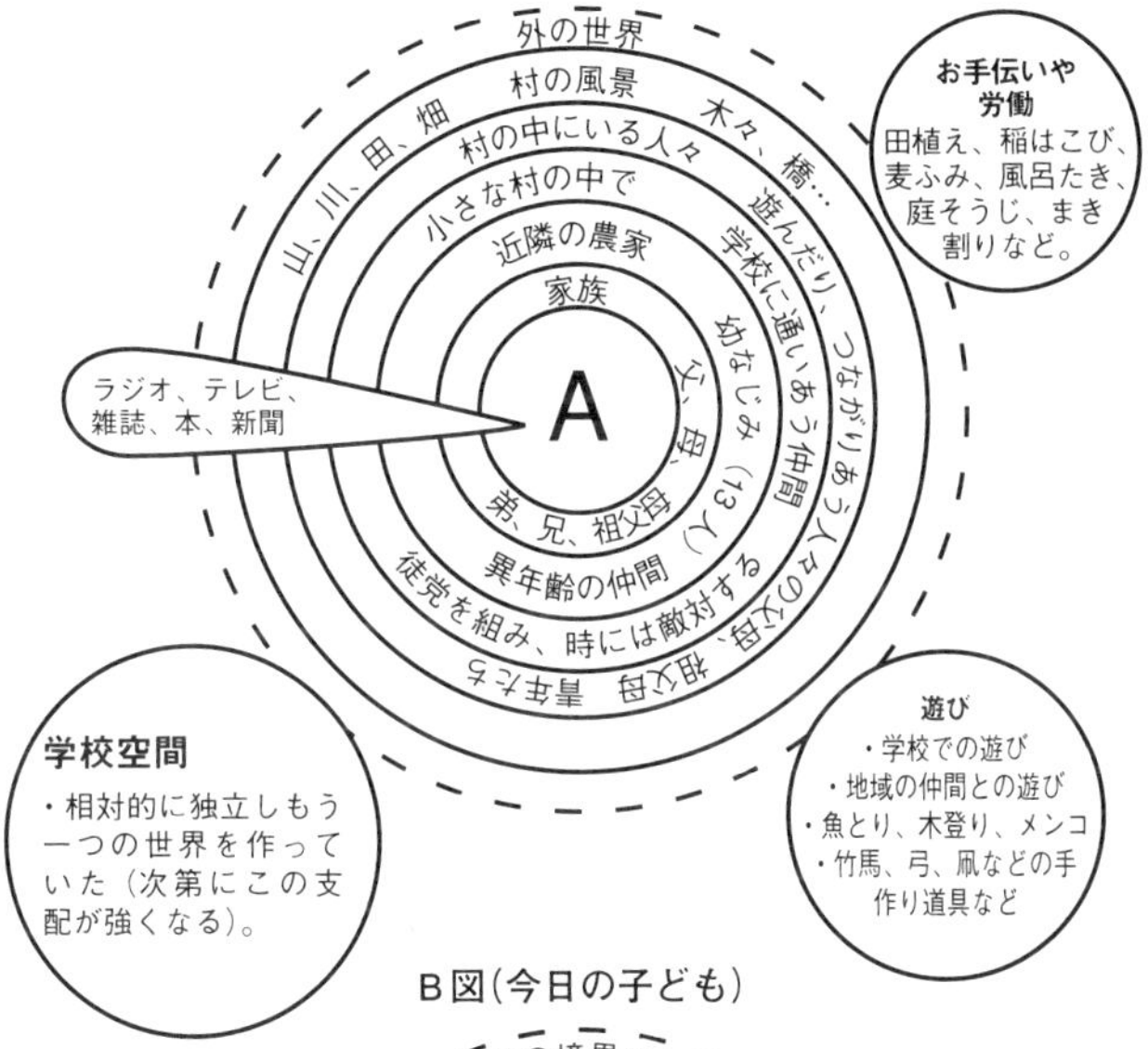

B図(今日の子ども)

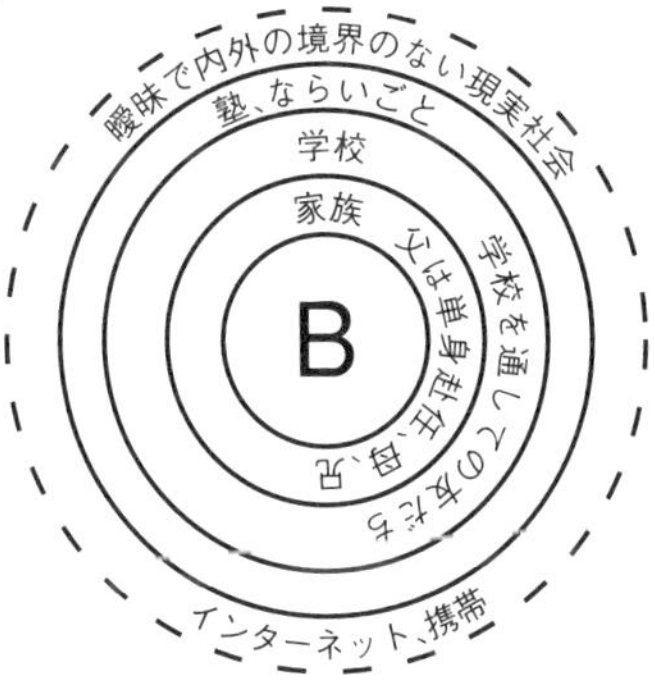

※B図では、学校空間は同心円上にくみこまれている。
※遊びや労働も子どもの人間発達に与えるほどの相対的独自性を保ってはいない。

第四の関係は、もう曖昧模糊として実態がありません。特別の取り組みを意識しないかぎり、子どもたちを具体的に人や自然と深く結びつけるものがないのです。

このように見てくると、さまざまな情報を知り、どこにいても携帯電話やメールなどでつながることのできる今日の子どもたちが、実際は、本来の「つながり」や「関係性」を築くことができないで苦しんでいることがわかります。

子どもの成長と発達における今日的な特徴

こうして子どもの生きる姿を見てくると、第五に、現代の日本の子どもの成長と発達は、これまでの発達心理学などが明らかにしてきた、子どもの成長や発達の段階を順に踏んでいく考え方では捉えきれない姿を見せはじめているように思われます。もちろん、そうした「子ども観」や「発達観」を無視し否定してよいというのではありません。

彩夏や陽子のように、今日の子どもの表現は「鋭さ」と「もろさ」をあわせもっています。彼らは子どもらしい「対話」や「納得」を取り込むことができないまま、自らの生を生きてきました。

彩夏は、三歳を迎えるころ、幼稚園受験を体験しています。二次的言語の獲得に集中したことがうかがえますが、自己を支える言葉（一次的言語）の獲得は自然であったのだろうかと考えさせられます。「わたし」という自我を支える豊かな「内言」が育ちきれていないように思われるからです。(一次的言語、二次的言語という呼び方は岡本夏木氏の『幼児期』〔岩波新書〕を参考にしています)。

彩夏も陽子も、いわゆる「よい子」をやってきたのですが、たとえば「〝みたて〟や〝つもり〟遊び」「ごっこ遊び」などを充分体験し、仲間と共同の世界を築いたり、じゃれあい群れて遊びながら他者と共に生きることの喜びを感じたりすることができたのだろうかと心配になります。

ままごと遊びで「お母さんごっこ」を何人かでした場合を考えてみましょう。あるときは母親役を、またあるときは父親役を、さらに赤ちゃんになり、お兄ちゃんお姉さんになり、妹や弟、ときには猫や犬に変身までしてしまいます。

子どもは、そうやって他者を演じながら「わたし」のなかに新たな「他者」を取り込んでいきます。そうやって「他者」の気持ちを類推することや寄り添うこともできるようになります。同時に、その場に具体物はなくても、仲間の暗黙の了解によって「お母さんごっこ」の時間と空間を描き出し、子どもたちは想像の世界を共有して遊びます。

彩夏や陽子が、友だちの輪のなかにいるだけで傷ついたり、「自己の存在」が不安になり居場所がないと感じたりするのは、こうした仲間と描き出す共同の空間を、幼い頃、心の世界に取り込めなかったからではないでしょうか。

このように考えたとき、彩夏や陽子のいまを生きる表現のなかにある、「鋭い現代性」や「自分意識の極度の肥大化」と赤子のような「もろさや壊れやすさ」の構造が見えてきます。

乳児期や幼児期、学童期をはじめとして、それぞれの成長と発達の時期にふさわしい「主導的主体的」な活動や子どもどうしの濃密な関係をあいまいにしたまま、「ヒトデ型」人格の形成で述べたような、能力主義的な世界を生き抜く価値を身に付けるほうを優先してしまったのではないかと考えられます。その結果、早熟とも言えるような〝鋭さ〟を帯びた表現が可能となった一方、心と人格の成長や発達において、幼さや未熟さを抱えこむこととなったのではないでしょうか。

子どもたちは、それぞれの成長と発達の段階で、どの子も与えられたレールの上を歩くのではなく、自分でその道を選択し始めます。「わたし」のなかに培ったすべての力を使って、立ちはだかる壁を乗り越えていきます。しかし、壁を前にしていざ立ち向かおうとするとき、「わたし」という自我がいまだ未成立であったり〝空洞〟であるなら、子どもたちは心と体を閉ざし、自己の存在を問いかけ、悲しみの悲鳴をあげるでしょう。さらに、周りの世界や自分自身に対して恨みの感情を抱え込んでいくことになります。

分裂する自己、統合できない自己に傷つき腹を立て、激しく身もだえしながら抗議の声をあげるとき、〝攻撃性〟があらわになるような気がします。

第3章

子どもに寄り添うことから始めたい

1 攻撃的でなく生きられること

体の震え

四月の始まりの日、駅に降り立ったわたしは、改札口を出ようとして体の震えに襲われました。深いところに刻まれていた痛みの記憶が、わたしの意志を越えて突然あふれ出したのです。原因はわかっていました。数年前の困難な六年生たちとの日々の体験が、危機をともなう新しい五年生の子どもたちとの出会いを前にして、つらさとともに急によみがえってきたからです。

新しく担任する五年生は、「だれが持つのかな、あの学年」という見えないうわさが流れていました。その学年を、わたしが担任することになりました。学級には、哲、崇というキレる子がいて、教師の思惑には入りきれない伸介がいました。教室を飛び出したり寝転んだり、教師への反抗的態度や授業妨害も伝えられていました。

わたしは、深呼吸をして学校への道を歩みました。

「何とかなるさ。あの困難な子どもたちだって、傷つくことは多かったけれど人間への信頼は失うことはなかったじゃないか。子どもの力を大切にして、困難もトラブルも楽しみながら生きていけばいいい」

そう自分を励まして校門をくぐりました。

子どもと創る教室、ともに生きる教室

始業式は、担任発表の後、子どもたちの名前を一人ひとり呼んで握手して別れました。放課後、教室の机をきれいに整頓してから、ふと黒板を見て思いつきました。

「そうだ、新しく始まる五年生の〝出発の詩〟を書いておこう」

わたしは、真新しいチョークをつかむと、心に浮かぶことを書き始めました。

『五年一組、新しいクラス』

「五年生!」

つぶやいてごらん、いい言葉だね。

ドキドキしながら学校に来たみんな。

心配だな……。

ここまで書いて、ふと手がとまりました。

「教師の思い込みを勝手に記したからといって、子どもたちが深く感じてくれるとはかぎらないじゃないか」

そう思ったからです。学校には、教師の思惑を越えて抑圧的、攻撃的な側面や重い閉塞感が存在します。子どもの力に依拠し、ともに創りだす学校や学級のイメージなくして、今日の危機を乗り越えることはできません。

「そうだ、〝子どもたち〟と詩をつくるんだ！」

わたしは、詩のなかにわたしの弱点もたくさん加えて未知の部分をいっぱい書き入れました。子どもたちが自由に想像できるように……。

翌日、穴あきだらけの詩を見て子どもたちが朝いちばんにたずねてきました。

「先生、これ何」

「あててごらん。先生の自己紹介とクラスの詩だよ」

「そうか。早く知りたいなあ」

授業が始まりました。わたしの自己紹介のところで

《「　　」が痛い。「　　」が悪い。「　　」がいっぱい》

と、書いておいたら、みんな楽しい言葉を次々と話してくれました。

「腰が痛い」「歯が痛い」「頭が痛い」「顔が悪い」「でも、ローンがいっぱい」

みんな爆笑しました。わたしも笑い転げました。柔らかでやさしい風がサッと教室を吹き抜けていきました。

「もう一度読んでよ、先生」

書ききれないほどの発言であふれる黒板の詩を、子どもたちは瞳を輝かせて『もう一度読んで』とせがむのでした。

うれしい出会いでした。

子どもが安心して過ごせること

この日、心配していた崇や伸介が真っ先に発言し、哲には笑顔が生まれていました。授業のなかで、席に着くことができなかった崇が、翌日から席に着いてノートを開くようになりました。

「崇が席に着いている。ノートを開いている！」

子どもたちが、驚いて言いました。

わたしは、何げなく発せられる彼らの言葉をていねいに聴きとり、授業に位置づけていきました。それは学びの視点を変えて、楽しさも生み出す重要な発言となりました。

小数の学習の始まりのとき、崇が突然言いました。

「小数って、はんぱやなぁ！」

笑い声がどっと起こりました。わたしは彼の言葉に感心して言いました。

「崇くん、すごいや。小数はね、きみの言うとおりだよ。はんぱの数を表しているんだよ。崇くんに拍手」

授業には、こうした子どもたちの想像や発見、思わぬつぶやきが〝子どもらしい生の言葉〟で発せられることがあります。それは素敵なことだと思いました。心が揺り動かされ、感性や感情と深く結びついたとき、学習は確かな認識となっていくからです。

小数の時間を、子どもたちは「〝はんぱやなぁ〟の時間」と呼びました。崇は、そのたびにニコニコと笑ってうれしそうでした。

こうした教室の雰囲気のなかで、いつのまにか子どもたちのなかにあった攻撃的な部分が消えて生きました。柔らかで楽しい側面や少年らしい笑顔が生まれてきました。教室で傷つくことが少なくなり、〝攻撃的な構え〟を必要としなくなってきたからでしょう。

「体の震え」から始まったわたしの教師としての日々は、いつの間にか子どもとの出会いを待ち望む楽しい日々に変わっていきました。

わたしはいま、子どもと生きるうえで次のようなことを大切にしています。それは、「子どもに寄り添うこと、ともに生きること」「子どもの力を大切にして子どもとともに創り出すこと」「子どもの声に耳をすましよく聴くこと」「学びを楽しく創ること」「安心のなかで自由に語れること」「よく遊ぶこと」などです。

それは、ひとことで言うなら「子どもが子どもらしく生き、学びあい育ちあえる〝時間や空間〟の保障」といってよいでしょう。

自由と安心が保障されるとき、子どもたちの攻撃性は背後に退き、それはむしろ創造的な自己表現へと変わっていきます。人間らしさを高い価値として自己に刻もうとする場が生まれるのです。

以下、この章では、危機のなかに生きる一人の少年・哲の生きる姿を取り上げながら、〝寄り添う〟ことの意味について、また「荒れ」やパニックなどの子どもたちの危機や困難をどう見るか、さらに彼らがなぜ「暴力的」な姿や自他への攻撃性を見せるかなどについて、考えていきたいと思います。

2 危うさのなかで生きる少年と寄り添うことの意味

オレ絶対に行かない！

夏休みの終わり近く、五年生の日光林間学園が予定されていました。明日が出発という日の夜、哲のお母さんから電話がありました。

「行きたくないといって泣いています。旅行の準備を何もしないから『自分でリュックぐらい詰めなさい』と怒りました。『俺は行かねぇ、絶対に行かねぇ』と言ってききません。『そんな勝手は許されないの』と言ったのですが、ずっと泣き続けています」

途方に暮れたお母さんの声でした。

「長い休みがあって、明日からの林間学園に心を向けていくのがつらいのだと思います。哲くんには大きなプレッシャーになっているのかもしれません。もう一度、淡々と、でも楽しくリュックの準備をしてくださいい。明日の朝は、だれか友だちに寄ってもらうといいですね」

わたしは、お母さんを励まして言いました。

翌日、台風が通り過ぎた校庭に子どもたちの弾む声と保護者の華やいだ声が聞こえてきました。しかし、哲の姿は見えません。出発の会をもう開かなくてはなりません。

そのとき、校門に大きなリュックを引きずりながら哲がお母さんとともに現れました。啓太もいっしょです。子どもたちが叫びました。

「来た、哲だよ」

わたしは、急いで校門まで走り哲を迎えました。

「よく来た。みんなが待っているよ。行こう」

ところが、彼はその場から一歩も動こうとしません。目は真っ赤にぬれています。顔は青く体も震えていました。

お母さんが、不安といらだちの混じった声で言いました。

「さあ、話すんでしょ。自分で話すって言ったでしょ」

「オレは行きたくない……」

それは、搾り出すような悲鳴に近い声でした。

「哲くん、ここまで来れたんだ。行こうよ。クラスのみんなが待ってるよ」

「哲、行きなさい！」

お母さんが彼の腕を引き、哲の体を校庭に向け強く押し出すようにして言いました。

そのときでした。哲は、激しくその手を払いのけると逃げ出しながら叫びました。

「うそつき！　うそじゃんかよう。先生に自分で話したら行かなくていいって言ったじゃないか。オレは、帰る。もう帰る！」

あっという間に、哲は校門のくぐり戸を開けて外に飛び出しました。わたしは彼を必死に追ってその体を抱きとめました。

「哲くん、それはちがうよ。学校まできみが来れたら、きっと林間に行く気になってくれると思ったんだよ。お母さんは、哲くんに楽しんでもらいたい気持ちでいっぱいだったんだ。先生もいっしょに行きたい」

「でも、でも……、約束じゃんかよう。オレは絶対に行かないんだから」

君が決めたことだ

時間は刻々と過ぎていきました。もう結論を出さなくてはなりません。震える哲とその手を必死につかむお母さんとの間で、わたしはどうしたらよいか心が揺れ悩みました。

楽しい行事に向かって心を開いてほしい、これくらいのことを乗り越えられなくてはと思いました。お母さんの目にも「強引でもいいから連れて行ってほしい」という願いが見えていました。

無理やりバスに乗せるなら、もしかしたら現地に着く頃には笑顔が生まれているかもしれません。しかし一方で、哲くん自身が必死に叫び声をあげ「行かない」という結論を出しています。その決意を尊重したいと思いました。もしも強引に哲くんの体を拘束したなら、彼の心に大きなダメージを与え、おとなや教師への不信感を生み出してしまうのではないかと心配されました。矛盾する心のなかで、わたしは決断し勇気を出して言いました。

「哲くん、きみが決めたことだ。行かなくていい」

震える声でそう言いました。哲の瞳が驚くように広がりました。わたしは、自分の決断の重さにたじろぎました。何かが体の奥底から突き上げてくるような気持ちがしました。

その決定は、わたしにとってもクラスにとってもつらいことでした。バスの中で、これでよかったのだろうかと一人悩みました。楽しい林間から帰った後、哲のお母さんに手紙を出しました。二学期からの学校生活に対して哲が心や体を閉ざしてしまう心配がありましたし、お母さんがわたしの対応に対して不信感を持ってしまうことも考えられたからです。

九月が始まった最初の日、お母さんが学校に見えて言いました。

「先生、お手紙ありがとうございました。二学期もどうかよろしくお願いします」と。

それは、お母さんのわたしへの信頼を寄せる言葉でした。同じ思いで哲に向かえることが、とてもうれしく思いました。

学校へ行きたくない

二学期の始まりが心配でした。このまま学校への足が遠のいてしまうことも考えられました。始まって二日ほど登校した翌日、哲が目を虚ろにさせて体を引きずりながら教室にやってきました。力なく席に座っていますが、声をかけると鋭い拒絶と反発が返ってくる、そんな雰囲気がありました。

職員の朝の打ち合わせの時間中、哲のお母さんから電話がかかってきました。不安と心配が言葉の揺れとなって伝わってきます。

「哲が学校へ行きたくないと言って……。怒って無理やり家を出しました。行きましたか……。あっ、そうですか。よかった。『六時間なんて嫌だ。オレは途中で帰ってくる』と言うのです」

お母さんにわたしは二つのことを話ました。一つは、彼を学校で受け止め支えていくから安心してほしいこと、もう一つは、二学期の始まりの二週間、学校に向かって玄関を出る彼を見送ってから仕事に行ってほしいということでした。お母さんは快く承諾してくれました。

哲の登校は続きました。遅刻はしないけれど、授業中「お腹が痛い、頭が痛い」と訴えてきます。彼が言う言葉は、口元に耳を寄せなければ聞こえないほど小さな声でした。わたしは、彼の体を包み込むようにして、ていねいに聴き取りました。

「そうか、お腹が痛いか。どれ、見せてごらん」

手のひらで彼のお腹をゆっくりとさすります。休み時間になると保健室に行くようにうながしました。若い養護教諭のF先生があたたかく対応してくれました。このことの繰り返しが続きました。

彼はこうした対応に安心したのか、休み時間が終了すると授業に戻ってきます。ときどき、校庭で遊ぶSケンの輪に入りました。こんなときは、爆発するように体全身で遊びます。小さな体が、はねるように大きな体の群れに飛び込んで行きました。

哲との出会い

五年生の四月、子どもたちを担任したとき、哲がキレる子どもの一人であることはすでに知っていました。

彼との強烈な出会いは五月のことでした。

「先生、大変だ。哲がキレてる！」

休み時間中の校庭で、ボールぶつけに興じていた哲が低学年の子どもの体に当たって弾みで転んだとき、近くにいた博之くんが一瞬クスッと笑ったというのです。突然、彼は怒りを発し、博之を攻撃しました。

「ごめん、ごめん」と博之が謝り続けても「絶対許せねぇ！」と追い掛け回し殴りつけようとします。それは、尋常な怒り方ではありませんでした。

哲の体をつかみながら博之にこの場を離れるように目配せして、心が落ち着くように語りかけました。

「どうしたんだ。言いたいことを言ってごらん」

「許さん。許さん。絶対にオレは許せねぇ！」

彼は、わたしの手から抜け出そうともがきながら、攻撃をやめません。博之の姿が見えなくなり、彼の怒りも少し収まったかと思い、やっと手を放しました。

チャイムが鳴り教室に向かうと、博之は席に着いていました。哲はドアを開けるなり、つかつかと博之の席に行き、ドンと机を蹴って再び殴りかかろうとしました。

「いい加減にしなさい。哲くん、やり過ぎだ」

わたしは、彼を叱りながら体をつかみ席に着けました。暴力をやめさせ、怒りの感情への区切りをつけさせようと思ったからです。しかし哲は、机を激しく蹴り、立ち上がると廊下へ飛び出して行きました。ガガーンとドアを二度ほど叩き、それから姿を消しました。

「先生、大丈夫だよ。哲、あんなふうにキレても後で戻ってくるよ。今までもそうだったから……」

哲は、それから一時間戻ってきませんでした。二階の別校舎とつながる屋根に隠れていました。

哲からのいたずらのメッセージ

四月の出会いから、授業中、彼は表現を拒みました。日記や作文だけでなく授業の記録や感想を求められると、机にうつ伏せになり心を閉ざし鉛筆を持ちません。どうしたらよいかと悩んでいましたが、算数の時間ふとしたことから心が通い始めました。

黒板に書いた問題が解けたとき、わたしは子どもたちと小さな合図を交し合うのですが、その日、哲が顔を上げかすかに手を挙げてわたしに合図を送ってきたのです。わたしは彼と目を合わせ、「よし」と無言でサインを送りました。子どもたちと交し合う学びの時間のアイ・コンタクトです。

クラス全員ができるのを待っていたときです。哲が再び手をあげました。わたしは「あれ…」と思わず哲の顔を見つめました。確かさっき合図を交わしたはずです。いぶかしく思いながら、もう一度アイ・コンタクトをしました。すると、哲はニヤリと笑いながらさらにもう一度手をあげました。わたしは、そのときハッと気づきました。哲がいたずらのメッセージをわたしに送っているのです。

わたしはうれしくなって思わずクスリと笑いながらもう一度確認の合図を送りました。すると、またまた彼は手をあげました。とうとう二人で声をあげずに笑い出してしまいました。それは、二人だけの秘密のアイ・コンタクトでした。

作文を書いた日のことです。クラスのみんながそれぞれのテーマに沿い鉛筆を走らせていたのですが、哲の手は止まったままです。心を閉ざし涙ぐんでいました。

「哲くん、バスケットボールクラブのこと書こうよ」

彼がいま夢中になっている世界を知っていましたので、そんなふうに語りかけました。哲は、わたしの言葉にかすかに反応し、うつ伏せた体を起こしました。しかし、それでも鉛筆は動きません。

「よし、先生が教えてあげる。書いてごらん」

「……」

「ぼくは四月、五年生になってバスケットボールクラブに入りました」

哲は、机に顔をうずめたまま少しずつ鉛筆を動かし始めました。作文用紙に黒くて太い文字がコツコツと刻まれていきました。わたしはそばに椅子を近づけ対話を交わしながら作文を続けていきました。

「シュートは入るのかい」

「うん……」

哲の顔が、かすかに輝きました。手ごたえのある顔です。

「じゃあ、『シュートがたくさん入るようになりました』と書こうか」

鉛筆が動き出しました。その手を見つめていたわたしは、思わず息を飲みました。彼はこう書いたのです。

「ぼくは、シュートが少し入るようになりました」――と。

〝少し〟という言葉には、哲の素直な気持ちと誇りの感情があふれています。わたしはとてもうれしく思いました。

翌日、子どもたちは、三枚の作文を清書しました。哲の書いた作文は一枚です。「これ以上要求するのは無理だろう」と思って彼には言葉をかけませんでした。ところが、哲は席を立ちわたしの前にやってくるとこう言うのでした。

「先生、ぼくも書き直すんでしょ」

わたしは、驚きながら彼を見つめ深くうなずくと、作文用紙を一枚渡しました。すると彼は首を振りながら言いました。

「三枚ちょうだい」

席に着くと、驚くほどの集中力で三枚の作文をあっという間に書き上げてしまいました。そこには、哲自身の紡ぎだした言葉があふれていました。

それからでした。授業の感想や新聞づくりなどの課題が出てもサッと集中し、書き上げることができるようになりました。信頼から心の泉があふれ出し、安心して自己を表現し始めたのです。

屋上プールの片隅に隠れて

一〇月の終わりのことでした。体育の時間、初めてバスケットボールの授業に取り組みました。哲は、みずからキャプテンに立候補してやる気満々でした。

ところが、その日の最初の練習試合で事件が起きました。

相手チームに得点を重ねられ、苛立つ自分をおさえきれず、彼は相手チームを罵倒したのです。

「てめぇらみたいな雑魚と、バスケをいっしょにやってられるか」

怒ったのは相手チームや仲間たちです。

「何だよ、そんな言い方はねぇだろ」

「バスケを少し知っているからっていばるなよ」

仲間の怒りに触れ強い反撃を受けた彼は、再び暴言を吐くと体育館の隅っこに泣きながらうずくまりました。子どもたちは静かに体育館を出て行きます。わたしも、哲の気持ちが落ち着くように彼をその場において教室へと向かいました。

着替えを終えた崇が、わたしを探していました。

「先生、哲ね、『こんな学校いてやるか。あいつらが謝るまで俺は学校に来ない』と言って外へ飛び出していった」

「あいつ、前の学年のときもそうやって家に帰っちゃったからな」

秀幸やまわりの子どもたちが心配して言いました。

「ありがとう。心配してくれて。でも大丈夫だよ。待っていればいい」

そう言ってみんなを図工の授業に送り出しました。

校長と副校長に状況を伝えました。二人はすぐ手分けして校内を探してくれました。わたしは自転車を走らせ彼の家を訪ねました。

ドアに手を掛けると鍵は掛かっていません。扉をそっと開けると、小さな玄関にはいくつかの靴が並んでいました。しかし、彼の靴はなく帰った形跡がありません。

「彼は体育館を飛び出した後、ここには帰っていない。もしかしたら学校にいる！」

わたしはうれしくなりました。もしそうなら、彼はこれまでとはちがい、家に帰ることを思いとどまったのです。約束の守れない哲への憤りの感情がいつのまにか消えていきました。哲の小さな成長を感じました。

そのとき、主事さんが自転車を走らせてやってきました。

「いました。先生、哲は屋上にいます。屋上プールに隠れているそうです」

「哲！　偉いぞ。よく家に帰らなかった」

わたしは小さくつぶやきながら学校へと急ぎました。校舎の階段を駆け上り屋上に出ました。

プールの入り口には副校長が立っていました。

「柵を越えてプールに入ったらしい。近づくと何をするかわからないからここにいました」

哲の行動を心配して、見守っていてくれたのです。

「先生、ありがとうございます。もう大丈夫ですから……」

屋上プールの鍵を開けてわたしはなかに入りました。壁の向こうの腰洗い槽に哲が震えるように座っていました。

体育の授業からすでに一時間が経過しています。ひざを抱えて頭をうずめている哲のそばにそっと座りました。哲の肩を抱きながら言いました。

「寒くないか」

彼は小さく首を横に振りました。

「心配したぞ。ここにいてよかった。きみは家に帰らなかったんだ。先生、きみの家まで行ってきたんだ。偉かったな。よく耐えた」

「……」

しばらくそうやって過ごした後、わたしは言いました。

「ここは寒い。教室に入るのはまだ嫌だろう。下に教材室がある。あそこにしばらく入っていていいよ」

わたしはそっと彼の肩を押しながら静かに屋上プールを出て、二階の教材室の扉を開けました。部屋のなかはスチールのロッカーで仕切られ、地図や小黒板、算数の教材などが並んでいました。物陰に彼の居場所をつくってやりました。

心を回復するための隠れ場所が必要だと思ったからです。

「どうする……。洋服を着替えるか」

わたしが尋ねると、うずくまったままその小さな頭がコクンと揺れました。教室から着替えをもってきてその場にそっと置きました。しばらくして行ってみると姿勢は相変わらずでしたが、洋服は着替えられ体操服がそばにたたんでありました。

「もうすぐ給食になる。復活するなら今だぞ」

「……」

哲の頭は両腕のなかでいやいやするように揺れました。まだ心の整理がついていないようでした。

四時間目が終了しました。図工の授業を終えて教室に戻ってきた子どもたちが哲のことを心配して言いました。

「先生、あいつ大丈夫か」

「みんな、心配してくれてありがとう。哲くんは家には帰っていなかった。いま学校にいる。もう少しそっとしてあげてほしい」

子どもたちは、もう怒っていませんでした。わたしは、再び教材室を訪れみんなが待っていることを伝えました。

「給食はどうする……。ここで食べるか」

コクンと哲がうなずきました。給食を運び足元に置きました。後で行ってみるとちゃんと食べてありました。復活はもうすぐだと思いました。

「さぁ、給食も終わる。掃除が始まる。出て行くならいまがチャンスだよ」

哲が復活したのは、掃除が終わり昼休みの始まるときでした。校庭を見渡すと、Sケンを遊ぶ子どもたちのなかに哲の姿がありました。「ごめん」と一言仲間に謝ってSケンの輪に加わったのです。

寄り添うことの意味

五年生の一年間、哲の揺れる心は一進一退を繰り返していました。小さな成長を感じるときもありましたが、目が据わり鋭い攻撃性をみせることもしばしばありました。

水泳大会の記録会に臨むとき、当日寸前になって泣きながら出場を拒否しました。クロールの得意な彼ですが「競争をやるなんて聞いていなかった」と言って。

またクラスだけの夏休みの自由研究発表会の日、父母の参観がありましたが、心を閉ざし発表を拒みました。わたしは、機会あるたびに期待し要求しましたが、最終的には彼の意思を尊重し彼の選択を大切にしました。

哲は、朝の時間や授業中、そして休み時間、体と心のバランスが崩れそうになるとわたしにそっと近づいてきて、消え入りそうな声で「先生……」と助けを求めるように話しかけてきました。

そんなときはかならず受け止め、彼の話を聴き取りました。彼は、わたしを「心を寄せられる人間」また「受け止めてくれる人間」であることを、少しずつ感じ取りながら信頼を寄せてくれたのだと思います。

こうしたわたしの対応は、「甘やかし」や「成長への励ましを欠いた指導」のように見えるかもしれません。

しかし、わたしは哲という少年とかかわり続けるなかで気づき考えたことですが、彼の人格を支える基盤がいまだ育たないまま、未熟さを抱え揺れているように思いました。それは、頼るべきものを失い震えながら生きている子どもの姿であり、何かあったら壊れてしまいそうな子どもの姿です。こうした姿を見ると、わたしの対応がまちがったものであるとは思いません。

子どもは、存在が受け止められて初めて、生きることへの要求や変革の力が湧いてくるのです。傷つき壊れてしまいそうな子どもたちが、いま確実に存在するのです。心を閉ざそうとする哲は、人間としての根源のところが傷ついていて、自己を支えるにはそうしないわけにはいかないのです。しかし、一方で事物に働きかけ他者と共に生きようとする道も、自らの意思で選び取ろうとしています。それを支え励ましているのが、わたしと結び合う小さな信頼と、安心できる教室や仲間たちの存在なのです。哲は、いまその危機の真っ只中にいるのです。

このとき、彼の生きる姿を「わがまま」や「甘え」という一面でとらえ「厳しい」対応をするなら、彼は激しく反発し攻撃的になるか、心を固く閉ざし危機をいっそう深化させてしまうでしょう。「いのちの火を、安心してもっと強く燃やし続けていい」という、子どもたちへのメッセージを送り続ける必要があるのです。それが、いま〝寄り添う〟ことの深い意味ではないかと考えます。

3 休みたくないほど学校が楽しくなった

子どもらしく生きられる教室

ある日、朝の会で中学受験を目指す誠が言いました。

「ぼくは、きょう塾があります。塾に行くのがつらいです」

その一言にわたしは驚き、子どもたちに語りました。

「いまの話、とても感動して聞きました。自分の心の重荷を率直に話してくれた誠くんの勇気がうれしい。同時に、このクラスだったら話してもいい、傷つかないと思ったから誠くんは話せたと思うんです。そういうクラスであることがうれしい」と。

週の終わりは、手遊び歌やゲームを楽しんで別れました。わたしの背と同じくらいな子どもたちがわらべ歌を歌ったりするのですから心がやさしくなり弾みます。子どもたちは鋭くいまを問い、おとなたち顔負けの論理で語りだすときもあります。そうした一面の背後に、ゆったりと子ども期を楽しみたいという思いも満ちているのだと思いました。休み時間くりひろげられるSケンも、二クラス入り乱れて、子どもらしさいっぱいでぶつかり合いました。

「崩壊」の心配のあった五年生の教室は、いつの間にか楽しい子どもの居場所となってきました。笑われず、傷つけられず、ユーモアもときどきあふれているのですから、子どもたちが攻撃的でなく生きられるのです。

一学期の終わりでした。夏休みに入る別れの挨拶の後、崇がトコトコとやってきてわたしに握手を求めて言いました。

「先生、一学期ありがとう」と。

キレることを絶えず心配した崇からの握手と言葉に驚きました。

美加と佳子は、作文や日記に次のように書きました。

「いままではふつうの学校生活だったけれど、いまは学校が休みたくないほど楽しくなった」

「五年生になってクラスの雰囲気もすっかり変わり、ずっと気持ちが楽になりました。クラスがとても明るくなりました」

もちろん、現在の子どもたちの抱える危機や困難を、教師一人の手で乗り越えられるわけではありません。しかし、子どもたちの深い願いを聴き取り、共感し、寄り添い、子どもの力を大切にするなら、子どもたちは人間への信頼を回復し、希望に向かって歩み出すことを選択するのではないか――と思いました。

ふたたび哲のこと

再び、話は少年・哲のことに戻ります。屋上プールの陰に隠れていた哲。彼は、五年生の二学期、小さなことにおびえたり怒ったりしながら日々を過ごしていました。

授業中、キラリと瞳を光らせ発言したり、わたしとアイ・コンタクトを楽しんだかと思うと、新しいサッカーチームが気に入らないといって怒り出したりしていました。

わたしは哲に寄り添い続けながら、休みの日、子どもたちに呼びかけて、哲を連れ上野の博物館に遊びに行ったりしました。

六年生になって不思議なことが起こりました。あれほど心に激しい揺れをもっていた哲が、一度もキレないのです。何とそれは、卒業の日まで続きました。驚くべきことでした。

三学期に入って『一二歳の卒業論文』に取り組んだとき、初めてわたしは彼が一年間キレなかった理由を知りました。

そこには、哲の素直な気持ちが綴られていました。

「ぼくは昔、一年から四年ぐらいまで、かなり悪い人でした。トイレに閉じこもったり、屋上に行ったり、いろいろ悪いことをしました。だけど、悪いことがなくなったのは、五年、六年の時でした。

ぼくは、授業中に抜け出したりしないと決めていました。それが、やっと五、六年でかないました。うれしかったです……」

五年生の夏の林間学園についても触れていました。

「五年生の夏、林間に行きませんでした。なぜか、行きたくなかったのです。その夜は、すごく怒られて家出をしました。八時から一二時くらいまで何も食べないで……。だけど、損をしました。六年生になって行ってみると、かなり楽しかったからです。それが、少し残念です……」

哲は、もろく壊れそうな自分を変えていきたいと、自分で決意し、努力していたのです。キレたり閉じこもったり、教室を抜け出したりしたくないと、心のなかで震えながらたたかっていました。

わたしは彼を信じ、〝寄り添い〟続けてきてほんとうによかったと思いました。哲の心の葛藤に気づかず、上からの「規範意識」の徹底や形式化した「心の教育」などによって、有無を言わさず押しつけたり抑えつけたりしなくてよかったと思いました。子どもの気持ちや人権を無視したそのやり方は、哲の小さく震えるような〝未来を生きる芽〟を育てることはできなかったでしょう。反対に恐怖とおびえ、深い恨みの感情を、教師と大人たちとこの社会に対してもたせることになったでしょう。

哲は一二歳の少年の日々を「いつまでも、こんなぼくでいたくない。いつか必ずちがうぼくになってみせる」と心で誓いがんばっていたのです。それを信じ、寄り添い続け、支える者や仲間たちの中で——。

第4章　学びあう教室のなかで子どもは変わる

1　怒りと悲しみが一つになって

「崇くんが〝キレ〟た！」

休み時間、子どもたちと校庭でSケンをしていました。沙希と美佳が激しく手をふりながら、校舎の入り口でわたしを呼んでいます。

「崇くんが〝キレ〟たの！　教室がめちゃめちゃになってる」

五年生になってから、物を投げたりどこかに閉じこもったりして感情を爆発させることがなかった崇です。その彼が「〝キレ〟ている」というのです。クラスで二番目に大きくて力のある崇です。だれも怪我していなければいいが、そう思いながら教室へ向かいました。

床は〝紙の海〟でした。投げつけられた白いプリントやノート、教科書などで足の踏み場もありません。教卓の書類まで巻き添えをくって散乱していましたから、それは見事といっていいような光景でした。

その〝紙の海〟のなかに、激しく肩を上下させながら崇が座っていました。ときどき、大きな声で何かわめいています。麻耶と啓太が遠巻きにそんな彼を見つめていました。

「許さん、絶対に許さん！」

チャイムが鳴って、クラスのみんなが帰ってきました。教室の無残な光景を見て、だれも声を出しません。わたしは「心配することはないからね」と無言で合図を送り、席に着くようにうながしました。

「だれか、片づけてくれますか」

歩美と直子が席を立ち黙ってプリントを拾ってくれました。

床はまたたく間にきれいになりました。教室は何事もなかったかのようにいつもの時間が流れ出しました。わたしは、学習についてのいくつかの指示を黒板に書き、取り組むように言いました。

学級の問題としてすぐみんなで話し合ったほうがよい場合もありますが、いまの崇には通じないだろうと思ったからです。また、崇の攻撃的な言葉に鋭く反応して言い返す子や興奮してもっと強い言葉で応ずる子が出ることも予想されたからです。

「崇くん、おいで」

わたしは小さな声で彼を呼び、だれもいない資料室へ誘いました。

「きみの言いたいことを聞いてあげる……。話してごらん」

床に並んで座って話しかけました。

「麻耶と啓太、許せねぇ。ぶっとばしてやる!」

興奮した怒りが続いていました。肩をやさしくなでながら彼の気持ちが落ち着くのを待ちました。

休み時間、三人でふざけて遊んでいたようです。ところが啓太のからかうような一言「崇、かっこつけてんじゃねぇの」に、崇は傷つき怒りの感情を爆発させたのです。激しく怒っていた顔から涙があふれ出しました。泣きながら話し続けました。

「そうか。三人でふざけっこしていたんだ。でも崇くんは、言ってほしくない言葉を言われて急に許せなくなったんだね」

崇が、小さな子どものようにコクンとうなずきました。

「とっても悲しかったんだ。その気持ちは、わかる。でも、プリントや教科書を投げないほうがよかったね」

「うん」

「君が傷ついて悔しかったこと、そして、物を投げたりして後悔していることをみんなに伝えよう。泣いている君の姿で、みんなわかってくれると思うよ。だからもう教室へ行こう、ね」

崇は涙をふきながら教室に戻ると、片づけられたノートを取り出して学習に取り組み始めました。授業が終わるとき、子どもたちに崇と話したことを伝えました。

怒りと悲しみが一つになって

崇と共にこの五年生の教室には、前章で登場した哲がいました。崇の怒りも哲の怒りも、どちらも「わがまま」と言っていいような、まるで〝幼な子のような怒り〟です。それは、学びあい共に生きる教室の規範やルールを逸脱するもので、許しがたい行為ともいえます。

しかし、二人の怒りの背後には、自己の存在を危ぶむような深い悲しみがありました。悲鳴が聞こえてきます。激しく何かを攻撃しながら、おびえ泣いているのです。怒りと悲しみが同居しているのです。許されない行為や逸脱を叱るだけでは、二人の怒りと悲しみの根源に触れることはできません。孤立し吹きさらしに立ち、両手を突き出して救いを求めている、さびしい子どもの姿が浮かんできました。

「泣かなくていい、怒らなくていい。きみのことをだれも嫌ったりしないよ。安心しな。失敗してもいいんだ。ここにいていいんだ。惨めな自分をあからさまに出していいんだ」

まずそのことを伝えなくてはと思いました。

そうした姿勢で言葉をかけたとき、彼らはいつも怒りを収め涙をあふれさせ聞く耳をもち始めました。それから、許されない行為について語り、別の表現の方法はなかったかを問い、怒りの出し方や収め方を話していきました。

それは、とても時間のかかるやり方です。命令と抑圧で彼らの行為を取り締まるやり方ではありません。しかし、人間らしいあつかいを受けて、幾度もそれを重ねながら、彼らは自分と他者への信頼を回復し、〝キレ〟なくてもいい自分を発見していくように思いました。

2
学びのなかで〝聴き取る〟こと、〝つなぐ〟こと

「あっ！」という一言のなかに

黒板で小数の割り算をして、うれしそうに席に着いた崇が、答え合わせをしているとき顔を上げ自分の解答を見ました。その瞬間、わたしと目があい
「あっ！」

と小さくつぶやきました。小数点の位置のまちがいに気づいたのです。

かつて崇は、暗い顔をしていて、ときには怒りを含みながら教室や廊下に寝転んでいた少年です。給食の時間、何か不服なことがあると窓側に机を寄せ一人で食事をしていました。ところが五年生になって、彼は変わりました。

「すげぇ、崇が席に着いている。ノートを開いている！」

かつての仲間たちが驚きの声をあげました。

わたしは、徹底して一人ひとりの子どもたちを大切にして、その声を聴き取りました。崇や伸介や哲たちの、言葉にならない声も、聞き取れないような言葉や途中で座り込んでしまうような言い方も、一心に耳を傾け彼らが何を言おうとしているかていねいに聴き取りました。それは、

どの子どもたちに対しても同じです。そして、彼らを、子どもたちを、クラス全体の生活や学びのなかに位置づけていきました。

それは、まさに幾本もの糸をつなぎ組み合わせ布を織るような根気のいる仕事ともいえました。しかし、わたしは確信していました。子どもは聴き取られることによって、教室のなかで「わたし」という存在の居場所を感じ、寄り添う者への信頼を寄せ、自己を肯定していけるのではないかと。聴き取った言葉を、クラスのみんなのものとして学びの世界へとつなぎ、編み、組み込み、一枚の〝彩りのある布〟を織っていくのです。そして、その時間は、学びあう教室から生まれる〝かけがえのない物語〟の誕生へとつながっていくのです。

「みんな、聞いてくれますか」

わたしは算数の答え合わせを中断しながら言いました。

そして、黒板に『あっ！』という言葉を書き、崇の顔の絵をつけ加えました。

「この言葉、みんなには聞こえましたか」

子どもたちは、わたしが何を語りだすのだろうと不思議そうに顔をあげてうなづきました。

「これって、凄いと思うんだよ。なぜなら崇くんは、黒板で答えを書いているときは気づかなかったんだけれど、席に着いていま振り返ったとき、小数点の過ちに気がついたんだ。それで『あっ！』て言ったんだよ。自分で自分のまちがいに気がつくなんてすばらしいことでしょ。だから、この言葉は光っているんだよ。ぼくたちには、学んでいるとこうしたこととよく出会う。自分の失敗や発見や驚きとね」

ほんとうにそう思って言いました。崇は、瞳を輝かせてわたしをみつめていました。

「サクランボ、もってきてあげようか」

休み時間、哲がそっと近づいてきてわたしの耳もとで何か言いました。〝キレ〟るときはあれほど激しいのに、ほとんど聞き取れない声でした。わたしは、だれもいない資料室に彼を連れて行き、座って話を聞きました。

「先生、サクランボ送ってきたんだよ」

「……」

「サクランボ、学校にもって来ようか」

彼の言おうとしている意味がわかりました。社会の時間、山形のサクランボ農家を取り上げて学び続けていました。わたしが教室にサクランボをもち込んだり、子どもたちの幾人かがもってきてくれたりしていました。その一人として「ぼくも、みんなにあげようか」と言って、彼はわたしに話しかけてくれたのです。わたしは哲の頭をクシャクシャになでると、彼の両手を握りしめて言いました。

「うれしいなぁ。じゃあね、もしよかったらクラスの人数分、そうだね、先生の分も入れて二七個もってきてくれるかい」

彼のこの気持ちを学級だよりに載せて子どもたちに伝えました。

哲や崇だけでなくクラスの一人ひとりが、自分の思いを抱えて学校にやってくるし、学びに参加しているのだと思います。この子たちの願いや思いを聴き取りながら、言葉や思いをつなぎ編み上げていく仕事が、今日の学校でとても大切なのではないだろうかと思っています。

おとなたちにはない輝きや鋭さをもちながら、一方で不安や危機の感情を抱え、孤立し、さびしさにふるえ、傷つきやすく壊れやすい側面をもつ子どもたち。そんな子どもたちに対し、自己を守るために攻撃的になったり閉じこもったりしなくてもいい、トラブルを抱えながらも思いを交流して伝え合い、つぶやきが宝物になるような学びを続けて、つながり合い育ち合っていく、そんな教室が求められているのです。

3　子どもが学びのなかで生きるということ

「ぼくが大切だと思うものは……〝明日〟だ！」

家庭科の時間、わたしたち人間が生きていくためになくてはならないものを考えました。衣食住について学ぶためです。

「生きていくためになくてはならないもの……。三つあげてごらん」

子どもたちの発言はじつに多様でした。わたしの予想を超えて、驚くような答えが飛び出してきました。

「わたしが大切だと思うのは、水と食べ物と仲間です」

最初の佳代子の答えに、ドキリとさせられました。かけがえのないものの一つとして〝仲間〟をあげたのです。

「ぼくはね、どうしても五つ言いたい。体と酸素と食べ物、飲み物でしょ。それに電池とゲームとドラクエです。無人島に行くときもぼくはゲームさえあれば生きていけるよ」

みんなお腹をよじって笑いました。翔太の答えでした。

何人もの発表に続いて、崇が発言しました。わたしは、その言葉を聞いたとき、一瞬耳を疑いました。彼はこう言ったのです。

「ぼくはね、〝あした〟と……」

「えっ、崇くんいま何と言ったの。あしたって明日のこと」

「うん、そうだよ。明日と地球とお金と未来と数字かな」

幼い解答だと言えるかもしれません。しかし、わたしは彼の答えのなかに、いまを生きる子どもたちの心を捉えてはなさない、未来や明日への不安と期待の感覚や感情が隠されているのではないかと思ったのです。

授業のまとめの板書のなかで、衣食住を中央に書きながら、そのまわりに美しい水や空気、未来という言葉を書き加え、全体を大きな地球で囲みました。

子どもたちと笑い合った時間でしたが、自分たちの気持ちを仲間と共有して学びあうことができたように思いました。わたしは子どもたちから、見落としてはいけない現代の課題を教えられたような気持ちがしました。

「次の時間も話し合おうよ」――『大造じいさんとガン』

国語の授業で『大造じいさんとガン』（椋鳩十・作）をゆっくりと一ヵ月かけて学習しました。もう子どもたちにとっては、予想することさえ難しい生活や文化のちがいがそこにありました。しかし、わたしが驚くほど子どもたちは集中し、生き生きと学び続けました。

授業は崇の発言から始まりました。

「大造じいさんってやさしそうだな」

すると、幾人もの手があがりました。

「がんこそうだよ」

「ぼくね、ごっつい名前だと思った」

「田舎的な名前です」

「昔の人の名前じゃないか」

「肌の色は黒そうです」

そして言いました。

「大造っていうから体が大きそうです」

わたしは、黒板にすべての発言をメモしながら黄色のチョークで「波紋」と書きました。そして言いました。

「黒板を見てください。崇くんの発言から始まって、いま七つの発言が続いたでしょう。そのことによって、大造じいさんのイメージがふくらんできました。どんなじいさんだろうって。だれかの発言から次々と意見や考えが広がっていったら楽しい。池に石ころを投げ込むと、その輪がいくつもいくつも広がっていく。そのことを『波紋』っていうんだ。そういう学習を続けていきたいね」

ある日、「残雪は、このぬま地に集まるガンの頭領らしい……」という文をめぐって討論となりました。それは、正哉のつぶやきから始まりました。裕の発言に対し

「あれ、そう読むのか。ぼくは、そうは読まなかった」

そんな驚くような声が聞こえたのです。

「頭領らしい」という言葉を、裕は「頭領にふさわしい」と読み、正哉は「頭領のように見える」と読んだのです。

子どもたちが、二人の発言をめぐって次々に自分の考えを述べました。授業を終えると、子どもたちがわたしの周りに集まってきました。

「面白かったよ、先生。次の時間も話し合おうよ」

「さらばだ、ガンよ。またあう日まで！」

崇は、いきいきと国語の授業に参加しました。ガンの群れを撃とうとして大造じいさんが「しばらく目をつぶって、心の落ち着くのを待つ」場面を学習していたときのことです。

聡が発言しました。

「大造じいさんは、いま興奮しすぎて鉄砲を撃ってしまうのではないかと心配しているのです。射程距離に入るまでがまんしようと目を閉じたのです」

すると、有希が続きました。

「この瞬間、残雪とたたかってきた思い出が、スーッと大造じいさんの頭によぎったのではないか」

二人の発言を聞いて、崇がパッと手を挙げました。

「巻きもどしみたくね！」

崇は、大造じいさんの頭のなかには、フィルムの巻きもどしのように、これまでの残雪とのたたかいがよみがえってきたのではないか、と言いたいのでした。

わたしは、崇のこうした発言をとても大切なものとして授業で受け止めました。崇の心は、学びのなかで躍動しているのです。授業に深く参加しているから、こうした発言ができるのです。

少年が生きることと学ぶことがつながっているのです。

　このつながりが切れているとき、彼は床に寝転び、叫び声を上げていたと思うのです。それは、どの授業でも同じでした。

　崇は、学習の終わりに彼らしい思いのこもった感想文を書き上げました。『さらばだガンよ、また会う日まで』という題名で。

「……今までいろいろあった。たたかったり、にらみあったり、つかまえたり、トラップしかけたり、待ち伏せたり、じゃまものがきたり、ほんとうにいっぱいあった。撃ちそうで撃たなかったり、えさをまいたり、そういうのをいっぱいして、いっぱいなやんだりしていくのを、いいと思うなぁ。撃てるときは撃つ。楽しかったよ、大造じいさんとガンは。」

　言葉足らずの稚拙な感想文と言うこともできますが、崇の文章から学ぶことの喜びや心の躍動が伝わってきます。

　崇は、毎日訪れる国語の時間のなかで、「残雪」や「大造じいさん」をまるで実在するかのように受け止め、対話し、仲間の声を聞き、体の内側からあふれ出す崇自身の声に耳を傾け、発言しました。それは崇が、いまを生き未来へとつながる時間でもあったのです。

　ときどき学級のなかで崇を怒らせ仲間をからかい、トラブルの原因にもなっていた啓太も、次のように書いています。

「先生、お願い。もっと『大造じいさんとガン』の授業をやって！」と。

授業のようすや子どもたちの感想文を学級通信で読んだ保護者からも手紙が届きました。「生徒が授業に対して、『もっと続けてください。やめないで』と、そんな言葉をもらす授業を受けられるクラスの子どもたちは幸せです……」と。

4 傷つき揺れる一二歳の子どもたちと希望をさぐる

危機と困難を背負う一二歳の子どもたちと学び

「長崎の少女（学校のなかで同級生を殺害した）と同じような危険をもっているかもしれません」五年生を終えた春休みの夜、自宅の電話が鳴りました。わたしの教室で子どもたちと出会い、共同の研究を進めてくださったM先生からの電話でした。

聞こえてくる声に、わたしの体が小さく震えているのがわかりました。

「ご家族に伝えるしかないな」

その晩、手紙を書きました。数日して、健治の母親から電話がありました。一言も長崎の事件について触れていないのに鋭く事態を察知した言い方でした。

「先生、この間の事件の少女のように、いま健治がとても危ういと言うのですね。家族との関係や日頃の生活ぶりについて少し対応を変えていこうと思います……」

同じ六年生の教室には、「キレ」る哲や崇がいました。

学ぶことに困難を抱えた子どもたちがいる一方で、優れた「学力」を身につけるために必死に進学塾へ通う子どもたちもいました。そうした子どもたちは、よくできました。同時に、学びの場において、哲や崇だけでなく受験をしない子どもたちを、だれ一人見下したりしませんでした。そのことをとてもうれしく思いました。しかし受験をする子どもたちも、それぞれ脆さや傷つきやすさ、生きることの困難を背負っていました。

自立の機会を奪われ、やっと祖母に支えられて受験に立ち向かう彩、学校では穏やかに過ごしルールを逸脱したことのない耕一、そんな彼が家では激しい心の嵐に見舞われ母を攻撃していました。そして、優れた姉との比較に苦しむ良二、意識下に鋭い攻撃性を抱えているのではないかと思われる健治たち……。

こうした子どもたちを前にしてわたしは次のように考えました。

どの子も一人ひとりその子らしい生き方をして輝き存在している。しかし、孤立や不安の感情も強くもっている……。共に学ぶ合う仲間として、他者の声を聴き取りながら自他への誇りの感情を育ててあげたい。また自己のもつもろさや傷つきやすさ、内部に深く蓄積された苛立ちや隠された〝攻撃性〟などを、深い人間的共感によって受け止め、子ども自身の内的葛藤を支え、新たな旅立ちを励まし、ふくらみのある豊かで復元力のある人格へと育てていってあげたいと思いました。

実際、歴史や国語の授業において、彼らはまったく平等になり意見をたたかわしました。それは「受験する子どもたち」が周囲の子に配慮したというのではありません。

わたしは、学びのなかで生まれる問いや発見、心のなかに生まれるさまざまな感情の動きを大切にし、そのことをもとにして学びを創造していきました。気づいたことや感じたこと、思いや感想、意見などを自由に語り合うのです。外から形式的に取り込んだ「学力」だけでは対応できない学びの場がそこにはありました。ですから彼らは、いま在る自分を全力で表現するほかありませんでした。そこには人間の平等があり、話し合いのなかで、その子自身の生き方や大切にしている価値も問われることになるのでした。

このことによって、子どもたちはお互いのなかにある表層の「知識」のもっと奥深くその内部に、おろそかにすることのできない一人の「人間としての誇りをかけた存在」を見出し、混沌とした未熟さや鋭さを抱える自己とも出会い、学ぶということの深い意味を意識しはじめていくのでした。

『べロ出しチョンマ』を学ぶ

六年生の二学期の後半、教科書にはない斎藤隆介の『べロ出しチョンマ』を国語で取り上げました。

わたしは、一二歳の子どもたちと、生きることの意味を問うような、命の震えを感じるような学びを創り出したいと思いました。そして、子どもの多様な揺れを受け止めながら、人間の真実に心を開き仲間と共に学ぶ喜びを味あわせてあげたいと思いました。

子どもたちは、わたしの予想をはるかに超えて物語に集中し激しく心を動かし、長松や母ちゃん、父ちゃんに心を重ね意見を述べました。授業を終えると、いつも子どもたちの瞳は高揚していました。

一場面を取り上げてみます。それは、長松の父、名主木本藤五郎が江戸将軍家へ直訴におよび、ある晩、役人たちが長松の家になだれ込んでくる……、そんな場面です。

授業の中で祟が重要な役割を担い、受験を前に揺れる子どもたちもまた夢中で発言しています。互いが、かけがえのない〝時〟を過ごしながら、響きあうハーモニーを奏でています。

『……何日かしたある晩、表の戸がドンドンたたかれた』

「激しく叩かれたって、勢いのある叩き方です」

「遠くの方まで響いてしまう叩き方で、うるさいんだ」

藍子と啓の二人の発言を聞いて黒板に絵を描きました。長松の村、長松の家……。そして、わたしは言いました。

『夜だというのに辺りに表戸を叩く音が聞こえていく……』

「何か必死に叩いている」

「この叩き方は、怒っている叩き方だ」

崇が鋭く指摘しました。鮎子がすかさず付け加えます。

「こんな叩き方をするのは、どう考えたって近所の人たちではない」

話し合いをさらに続けていきました。

「『そして、何日かたったある晩』と書いてあるでしょ。長松はずっと父の帰りを待っていたんだと思う。そんな日が続いていた『ある晩』なのです」

恭子は、物語の見えない世界を推理し予測し、そこに流れる人や心の動きをみんなに伝えていきました。

「父ちゃん、もしかしたら死んだかもな」

崇が思わずつぶやきました。

今度は麻里が言いました。

「恭子さんの意見を聞いて。その何日もの間、長松はびくびくしていたと思う」

わたしは、物語の展開を少しずつ進めていきました。

『母ちゃんはねまきのまま床の上に起き直って、右に長松、左にウメをヒシと抱え込んだ。真っ青な顔をしていた』

「ねまきのまま！　ここを読むと母ちゃんはもうわかっていたんだ」

「あわてていたんだと思う」

「真っ青な顔をしていたんでしょ。母ちゃんはだれが来たかのかがもうわかっていた！」

そんなとき、崇がポッンと言いました。

「質問だけど、なぜ『ヒシ』と書いてあって『ヒッシ』の小さいツがないの」

学級全体が物語の世界に深く入り込み、思いを重ね交流しているときでした。彼の発言は、この場にふさわしくない〝すきま風〟のような発言にも聞こえます。まわりの子どもたちのなかにも、「いまそういう発言をするときではない」そんな感情も生まれます。しかし、わたしは彼の発言をていねいに聴き取り、学びの世界へとつなげていきました。

「崇くん、細かいところまで良く考えていたね。ヒシはヒッシとはちがうのです。こんな字を書きます」

そのときでした。健治が思わずつぶやきました。

「えっ、漢字があるのか」

わたしは、黒板に漢字を書きながら言いました。

「意味はね、すきまがないように身体を寄せること」

すると、再び崇が言いました。

「通勤ラッシュ!か」

子どもたちの顔に笑顔が生まれました。わたしは、学びから遠ざかるような崇の発言ですが、彼の思いを物語りへとつないでいきました。学びはグンと飛躍しました。

「うん、あんなふうに身体を寄せるんだ。でも通勤ラッシュは、隣は知らない人だね」

するると尚子がキッと何かをにらむようにして言いました。

「力強く抱え込んだの！」

崇の指摘した『ヒシ』という言葉が、鋭いふくらみをもって子どもたちの意識を刺激したのです。

「ギュウッと……」

「この子たちを離さないぞ、って」

「きつく！」

「子どもだけは役人から守ろうって……」

子どもたちは、堰を切ったように話し続けました。すると今度は崇が発言しました。

「長松もウメも、殺されてなるもんかって！」

場面は次へと転換します。

『……太った役人が憎々しげにそう言って、六尺棒で母ちゃんの肩をグイと突いた。ウメがリッと泣き出し、長松は役人をにらんでやった。父ちゃんは江戸に行ったんだナ！　将軍様にあったんだ！』と読みました。

啓太がすぐ手をあげました。

「父ちゃんのことをカッコイイと思ってる」

「時代としては悪いことをしているのに、やりとげた父ちゃんのことがカッコイイのです」と俊介。

沙織がこの日初めての発言をしました。

「長松は役人をにらんでやった、というところ。長松は子どもで役人に反抗できない。悔しくてこれ以上にらめないというくらい役人をにらんでると思う」

この子にこんな激しさがあったのかと驚きました。学びのなかで、静かに激しく、その子自身の内部において対話がおこなわれているのでした。

「六尺棒で母ちゃんの肩をグイと突いた、について……。役人は『おまえ、知ってるだろう』って、そんな突き方をした」

「まるで、いじめみたいだ！」

崇の言葉には怒りがこもっていました。

「思い知らせてやる！って感じで突いている」

和夫が続きました。

わたしは、畳み掛けるように言いました。『グイ』という言葉に力を込めて。

「母ちゃんの肩をグイと突いた……と、書いてあるね」

崇が即座に反応しました。

「母ちゃんを、人間じゃないみたいに扱っている！」

子どもたちが続きました。

「身分の低いやつめ！　そんな気持ちがあるんだ」

「手で触りたくないみたいに……」

「けがわらしいみたいにね」

そして再び、崇が吐き捨てるように言いました。

「侮辱している！」

崇は、この物語のなかでだれよりも強く、侮辱されたり人間として一段低く見られたりしていた、これまでの自分の生きて来た日々を思い出し、重ねているように思いました。その思いが物語を読み解き、仲間の学びを先頭になって深めていく力になっていったように思います。

学ぶことと生きることをつなげて

内面に自分さえ気づかないような激しい〝攻撃性〟を秘めていた健治。彼は、詩を書くことや授業における討論を楽しみながら、また一方で徹底したこだわりを、児童会主催の祭りのクラスの出し物の中心となって表現し、少しずつ自己の統合を果たしていきました。『ベロ出しチョンマ』などにおける仲間の発言や、彼とはちがった世界に生きる崇の発言の重みや豊かさにも深く共感できるようになっていったのです。

三学期の始まりになって彼は「完全無欠」という詩を書きました。これを読んだとき、わたしは彼のなかに一人の人間としての統合がなされ、「悪やワル」「汚れ」「否定すべき自己」などを含み込みながら、少しずつ成長しようとしている豊かな人格が、大きな力が育っていることを確信しました。

「完全無欠」

ぼくには「欠点」がある。
「完全無欠」の人間などいない。
「大人」は「欠点」をきらう。
「欠点」をなくそうとする。
「欠点」を「あってはならないもの」と思いこんでいる。
でも、それは、自分の子供のためを思ってのことだから、反論できない。
でも、ぼくは思う。
「欠点」があってこそ「感情」が生まれる。
「完全無欠」の人間など「コンピューター」でしかない。
「完全無欠」の人間などいないから楽しい。
ぼくには、「欠点」がある。

わたしは、彼の肩を叩きながら言いました。

「いい詩だな！」

それは、健治の未来の成長を約束するような誇りに満ちた詩でした。

生きる力と学力にふれて

わたしは、本書のさまざまな場面で、子どもたちの生きることの危機や困難と彼らの鋭い可能性について触れてきました。ここでは、いま問題となっている「生きることと学力」について、いくつか思うことを述べておきたいと思います。

第一は、子どもと生きる教師にとって最も大切にしていることは、希望を失うような今日の困難な時代や社会のなかで「きょうはきっと何か楽しいことがある」と、かすかな希望を抱いて毎日やってくる子どもたちを、瞳をそらさず真っ直ぐに受け止めることではないかと考えます。

「学力の低下」が声高に叫ばれ、全国いっせいの「学力テスト」体制が敷かれ問題となっていますが、それは子どもと生きる教師にとって関心のはるか遠くに位置しているように思います。

もしこれが学校教育の中心に位置づけられるなら（今日そういう事態になりつつある）、子どもと教師の関係や教育そのもののあり方が形骸化し、教育の人間的真実を失うことになるでしょう。

第二に、だから真っ先に教室や授業で、子どもの存在を深く受け止めることがなされなければなりません。

子どもたちは、輝きと笑顔の背後に深い孤独や悲しみ、不安や自立の苦しみなどを抱えているように見えます。幼いやり方で必死に自己を守りたたかい生きています。だから、大人たちや教師を驚かせるような言動を見せるのです。それは、ときに優れ、ときに幼く、矛盾した自己の統一に苦しむ姿となって表れています。

だからこそ、教室や授業が、生きる喜びを表現する場となり、こころよさや幸福を刻む場となることが求められているのです。

第三に、愛おしく受け止められることによって初めて、子どもたちは、自らの存在を肯定し価値に目覚め、変革への希望がもつことができます。

そのとき他者が、彼に危害を加える〝他者〟としてではなく共感しあう仲間として立ち現れてくるでしょう。この関係を築くなかで子どもの学びは豊かさを刻んでいくでしょう。

第四は、学力を〝学びの過程〟のなかで捉える目をもちたいということです。

数値や技、結果としての目には見える学んだ力はもちろん大切でしょう。しかし、結果や数値を中心として子どもの表現したものに重きを置くとき、学びの過程のなかでふつふつと生まれる子どもの思いや意欲のふくらみ、試行錯誤や苛立ち、反発など、そうした子どもの成長や発達の複雑なドラマは、軽視され見えなくなってしまうのではないでしょうか。

わたしは、その過程のなかにこそ人間を希望に向かって押し上げる力となるようなものが生まれ始めているように思います。

第五に、そのことを具体的にみるなら次のようなことも考えられるでしょう。

子どもたちの学びあいが生まれるとき、自他への人間的な価値に気づき、学びを通して新たな発見や感動が生まれているということ。これをその子のなかに育ちゆく学力の一つの側面と見ることはできないだろうかということです。

『スーホの白い馬』や『ベロ出しチョンマ』において、子どもたちは教材に触れて自分の思いを発言します。ですが、そこには、聴き取ってくれる先生や仲間がいて、表現への構えがすでに生まれています。そして、他者の発言を聴きながら、自己の内部にある学びが刺激を受けて、揺れ新たなイメージを呼び、再び発言しながら全体として学びが深まっていきます。

この過程を踏むことで、子どもたちのなかに、自己のこだわりと新たな視点による〝わたしの再構成〟が生まれ、他者の存在への共感と尊敬、そして、学び合うクラス全体を自己とつながる存在として肯定する見方（民主主義）も生まれてきます。

その子のなかに学びに対する信頼と希望が生まれたなら、その力は何ものにも変えがたいほど大きな力ではないかと考えます。

第六に、「生きる力と学力」を考えるにあたって、取り上げられる学びの内容や質が重要な役割を担っているということも指摘しておかなければなりません。

子どもたちは、人間的であたたかで好奇心や不思議さや驚きや感動に満ちた学びを求めていきます。子どもたちの心が揺さぶられるような学びを通してこそ、学ぶことが子どもの内面を揺り動かし、生きることを励ますような力となっていくでしょう。

第5章　子どもたちに〝胸に染み入る〟なつかしさを

この章では、「わたし」につながるような四つの物語を描き出してみました。子どもが生きるとはどういうことか、子どもの心の震えを感じ取るとはどういうことか、声高に語るのではなく具体的な姿によって伝えてみたいと考えたからです。

今日の子どもや教育の危機の真っ只中に飛び込み、教師として歩み始めた若い仲間の教師のみなさんに、この物語を送ろうと思います。教室の子どもたちが愛おしくなり、子どもという存在のかけがえのなさや子どもと生きる幸せを感じていただけたらうれしいです。

1 『モモ』と子どもの時間

わたしは、子どもたちに向けられて書かれた本、児童書を読むのが好きです。決して多くの本を読んでいるわけではありませんが、気に入った本があるとページを繰るのがもったいなくて、静かに〝幸福の時間〟を味わいながら本を読み進めていきます。

わたしの好きな本を、幾冊か思いつくままに紹介するなら、『トムは真夜中の庭で』(フィリパ・ピアス作)、『ラバ通りの人々』(ロベール・サバティエ作)、『秘密の花園』(バーネット作)、『白い楯の少年騎士』(トンケ・ドラフト作)などがすぐに浮かんできます。

こうした本を読んでいると、子ども観が豊かになるだけでなく、心がつらくなったとき子どもの生きる姿が見えなくなったとき、もう一度子どもを信じ見つめ直してみようと励まされたり、生きていく勇気を与えられたりします。

ミヒャエル・エンデの書いた『モモ』（岩波少年文庫）も忘れることのできない本です。彼の描くこの物語を読むと、子どもについて、現代という時代について、そして何よりもわたしたちの生きている世界や時間について考えさせられることが多くありました。

大好きな場面を一つ紹介しましょう。

モモが灰色の男たち――時間泥棒――に追われる場面です。「わたし」の時間を売り渡すことに世界の多くの人びとが応じ始めたとき、ただ一人与しない小さな少女がいました。モモです。モモの前では知らぬうちに真実が明らかになってしまうのです。ついに、魔の手がモモに迫ります。

そのとき、時間をつかさどるマイスター・ホラの使いとして一匹のカメ、カシオペイアが姿を現します。カシオペイアはすばやく移動できる灰色の男たちの、いつでも三〇分先を読み取ることができますから、あふれる人びとのなかや路地を右に左に曲がりくねりながら、ついに彼らに捕らわれることなく、マイスター・ホラのところにたどり着くことができました。

モモはそこで、灰色の男たちから守られながらあたたかなもてなしを受けた後、マイスター・ホラの腕に抱かれて時間のみなもとへと進みます。

大きな大空と同じくらいな高さの丸天井の下に立つモモ。天井の中心には穴が開いていて、光の柱が下へと伸びている。その真下には黒い鏡のような池があり、その上を漂うように振り子がゆったりと揺れています。

そして、振り子が揺れると見たことのないような美しい花が咲くのです。暗い水面から新しいつぼみがのびてふくらみ、花を咲かせます。ところが、振り子が揺れ戻るとき、花は静かに枯れて姿を消していきます。そのことが、幾度となく繰り返され、一度として同じ花の咲くことはありません。

モモが小さな部屋に帰り着いてささやくように言いました。

「人間の時間があんなに……大きいなんて」

すると、マイスター・ホラが答えます。

「あれは、おまえの時間だよ」と。そして、いま見てきたものは「おまえじしんの心のなかだ」と。

わたしはこの場面が好きです。物語は、子どもたちの生きる一瞬一瞬がかけがえのないものであり幸福を刻む時間であるのだ、と語りかけてくるような気がします。「この大切なときを、だれかに何かに売り渡してなるものか」、そんな強いメッセージが伝わってきます。もちろんそれは子どもたちだけに保障されるべきではなく、いまを生きるすべての人びとに保障されなければならないことですが。

「未来」のためにという名目で、あるいは消費や欲望の論理に蝕まれ、『子どもの時間』が奪われたり、傷つけられたりするのを、わたしは悲しい思いでみつめてきました。そのわたし自身も、現代日本社会の人間的な成長や発達を歪めるシステムや論理から抜け出すことはできません。

しかし、わたしは子どもと生きる教師として、子どもと過ごす授業や生活の時間・空間を、かけがえのない〝幸福の時間〟として、『モモ』に描かれた〝時を刻む振り子〟のように二度と取り戻すことのできない『子どもの時間』として、大切にしていかなければならないと強く思うのでした。

2 「先生、月が出ているよ」

秋が終わり、木枯らしも吹いて冬が始まろうとしていました。落ち葉の舞う校庭で、休み時間、四年生の康平たちとボール投げを楽しんでいました。中央ラインを境に二手に分かれて思い切り強い球を投げあうのです。上手く取れなかったら敵側のチームに移動します。名づけて『引越しドッジ』。

康平も孝史も克之も地域の野球チームに入っていて中心メンバーとなるほどの力をもっていましたから、投げる球の鋭いこと速いこと。

「よし、来い！」

と言いながら、しっかりと両手を広げて構えていなければ捕り損ねてしまいます。彼らの球はわたしの手のひらを突き抜けて胸にズシンと響きます。

「よし、行くぞ」

わたしも、体を思い切りひねりながら全力でボールを投げ返します。たいしたスピードでもないのに、子どもたちはわたしの球を競って取り合いうれしそうに歓声をあげていました。

しばらくそんな球のやり取りを続けていたときのことです。わたしの投げた球が、敵側の子どもたちに向かって浮き上がるように揺れて曲がりました。子どもたちの群れがいっせいに「わっ」と動きました。その向こうに康平がいて一瞬驚いたように手を出しました。康平は「あっ！」と小さく叫び声をあげ、左手の指を抱えるようにしてその場にうずくまりました。

「しまった」

わたしは、彼のところに飛んで行きました。

康平はわたしの投げた球で突き指をしたのです。歯を食いしばりながら痛みに耐えていました。

「ごめん！　大丈夫か」

保健室で手当てをしてもらいました。幸いにも内出血や腫れはないようです。康平にも笑顔が生まれ、わたしはほっとしました。

その日の放課後、足首を捻挫した子が他の学年にもいて、保健室のK先生が康平もいっしょに病院へ連れて行ってくれました。

病院から電話が学校にきました。

「先生、康平くんの手の指ですけれど骨折はしていませんでした」

わたしは、R先生に感謝の言葉を述べた後、言いました。

「学校に帰ってきたら、わたしが康平を家まで送ります」

康平の手には白い包帯が巻かれていました。

「ごめんね、康平くん。痛かったかい」

「いえ、先生、もう大丈夫ですから」

二人で校門を出ました。時刻は五時をまわっていました。鮮やかな藍色の空が高く澄み渡り、辺りは夕闇へと変わっていきました。路地を抜けて康平の住むいく棟かの集合住宅が見えたとき、西の空を見上げながら康平が言いました。

「先生、ほら月が出てるよ」

康平の指差す空に三日月が輝いていました。金星もいっしょです。その空の下では、木々の枝と家々の影が黒いシルエットをつくっていました。

授業では、ちょうどその頃、月の学習を進めていました。上弦の月や下弦の月、三日月をはじめ満月や新月などの月のかたちや月の動きについて語り合っていました。十六夜、立待月、寝待月など新しい言葉も知って子どもたちは喜びながら、月の不思議や月の満ち欠けの仕組みについても考えていました。

康平の家に着きました。事故の報告をして家の方に謝らなくてはなりません。チャイムを鳴らすと出てきたのは小さな男の子でした。康平の弟です。

「お母さんは……」

「まだ帰っていません」

「そうか。じゃあ、今晩先生から電話するからね」

康平にもそう話してわたしは学校へ帰りました。その日の夜、謝りの電話を入れました。

翌日のことです。康平の手から連絡帳と宿題プリントが渡されました。宿題プリントを見てわたしは、「おやっ」と思いました。宿題は一枚の白い紙で外側に枠があり、自分で好きな学習をしたり日記を書いたりできるようになっています。そこに夕闇の迫った空と輝く月と星が描かれていたのです。

日記を読んでまた驚きました。そこには、こんな文章が書かれていました。


きょう、つき指をしたから、K先生と石井クリニックに行って、帰りに山崎先生といっしょに帰りました。

きょうも月を見ることができました。金星がはなれて光っていました。火星は、赤く光っていました。

きょうは、山崎先生と帰れてよかったです。これって、きょう先生が漢字の時間に言った『けがの功名』かな。

けがをさせてしまったのに、康平は、いっしょに月を見ながらわたしと並んで歩いたことをうれしかったと書いてくれたのです。胸が震え、康平が愛おしく思いました。お母さんからの連絡帳を開きました。読んでいくとそこには、康平のお母さんのわたしに対するあたたかな配慮とやさしさがつまっていて、感謝の気持ちでいっぱいになりました。

——突き指なんて、小・中学生の頃はよくやるものです。あまり気になさらないで下さい。それよりも、いつもいっしょに遊んで下さり感謝しています。

そして、学校から先生といっしょに帰りながら、空に輝いていた三日月や星を見ながらお話したことを『一生の思い出！』と本人が言っていました。玄関先で迎えた弟は、突然の先生に照れていたと後から聞き、逢えなかった妹は「くやしーい！」の連発でした。

突き指をさせてしまったというのに『一生の思い出』なんて、なんてうれしいことを言ってくれるのだろうと改めて思いました。そのとき、わたしはふっと、幼い頃の自分を思い出していました。

わたしがまだ小さな子どもだった頃の話です。

農家のわたしの家では田植えを前にして、暗くなるまで水を引いた田の土を平らにならす仕事をしていました。幼いわたしは、母の帰りを待ちながら小さな川の土手を跳び越したり、川のなかにはいったりして遊んでいました。

母は仕事を終えると、泥のついた鍬を川水につけて洗い落としました。わたしもそばで手伝います。波立つ水が小さくキラリと光っていました。それから、黒い塊のような山影に囲まれた家に向かって並んで歩いて帰りました。

「ねえ、お母ちゃん。月がずっとくっついて来るよ」

わたしは、母にそんな話をしました。田に写る月影が歩いても歩いても二人の後を追いかけてくるのです。

康平の日記と母親からの手紙を読んだとき、わたしは、幼い頃のこの光景を突然思い出しました。それは、深く幼い記憶に残るような〝幸福の時間〟であったような気がしました。康平にとってもわたしと月を見ながら歩いたことが、彼の『一生の思い出』として記憶の襞《ひだ》に刻まれるなら、こんなにうれしいことはありません。

彼がおとなになって、困難な仕事や辛い出来事などと出会ったとき、ふと見上げる夕暮れの空に三日月を見つけ、記憶の入り口からこの日のことがよみがえり、幸福だった自分を思い出し、ひとときの休みを経て、再び自分を大切にしながら困難を乗り越えて生きていってくれたらと思います。

わたしたち人間には、そうしたたくさんの〝胸に染み入るなつかしさ〟が必要とされているのだと思います。

子どもと生きるとか、親であることとは、何かができることを期待する以上に、この幸福を子どもたちの心の襞《ひだ》に数え上げられないくらいたくさん刻み込んであげることではないかと思います。いたずらをして思い切り叱られることも、怖い思いや痛い思いをしたあとしっかりと抱きとめられたことなども、子どもたちには、忘れられない〝胸に染み入るなつかしさ〟として胸の奥深くに刻まれていくでしょう。

3 何げない日々のなかで子どもが育つということ

秋の葉がこんなに美しい一日であっても

一二月の朝のできごとでした。駅を降りたわたしは、学校への道を少し弾む気持ちで歩いていました。けやき通りのけやきの葉が色づき、黄金色に輝いていたからです。ガス橋通りのほうに向かって並木のトンネルが絵のように続いていました。

梢をわたる風のひと吹きに、木々の葉が幾枚もやさしい音を立てて舞い落ちました。小鳥たちがいっせいに飛び立つように。

「きょうも寒いな」

顔をあげると歩道の反対側を二人の女の子が歩いていました。手袋と帽子が歩いているみたいです。

「あっ、先生」

二人が同時に声をあげました。

「おはよう！　加奈さん、麻友さん」

二人の手を引いて、けやき並木のある十字路までやってきました。

「見てごらん。ここから見る景色、きれいなんだよ」

そう言って二人の背のランドセルをそっと押したときでした。

「先生……」

つぶやくように小さな声がして、麻友の瞳から涙が一つ、二つとこぼれました。

「あれっ」

わたしは驚いて言いました。

「どうしたの。何かあったの」

「先生、わたしのハムスターが死んじゃったの！」

「……」

わたしは、掛ける言葉を失いました。

「そうか、死んじゃったのか。大切にしていたんだね」

麻友がくちびるをかみ締めてうなずきました。

話をしたら、悲しみに耐えていたものがあふれだしてしまったのでしょう。

秋の葉がこんなに美しい一日の始まりであっても、背負いきれない悲しみを抱えて学校にやって来る子がいるのだなぁ、と思いました。休み時間にもう一度麻友をよび、この大切な話を聞かせてもらいました。麻友の心の深さが体全身から伝わってきました。

曲がり角の秘密

わたしの一日の始まりは、朝の教室に行くこと。だれもいない教室に入って、まず窓を開けます。それから黒板に『山・マンモス・ザリガニ・木・太陽・かめ・おばけ』――「やまざきたかお」の一文字から絵を当てはめたもの。「これが先生の本当の名前なんだ」と子どもたちに伝えている――から取り出した絵を一つ書いて、その日のメッセージを書き加えます。

八時一〇分ごろ、靴箱の近くが騒々しくなるので迎えにいき、入り口で待つ子どもたち全員にあいさつをして「教室にどうぞ!」と言うのです。

みんなはうれしそうに教室に飛び込んできます。

「おはようございまぁす!」

大きな声で。

そこでワイワイ話した後、職員室に向かいます。教師たちの朝の打ち合わせがあるからです。

廊下を歩いていくと、曲がり角の姿の見えない向こうから「クスクス、キャッ、キャッ」という笑い声が聞こえてきました。

「ほら、山﨑先生が来るよ！」

「あれ、だれだろう。どうしてぼくの姿がまだ見えないのに、わかっちゃうのかな」

そう思って廊下を曲がると、笑い転げているのは二人の女の子。二年生のわたしのクラスの良子と眞子でした。はじけるくらいに笑って、両手に手紙を抱えていました。

二人は、手紙係の仕事で職員室前のポストに手紙を取りに来てくれた後の帰り道でした。

何がおもしろいのか不思議でした。会うたびに笑ってきます。わたしのおでこが光っているからかなとも思いました。

幾日かたって曲がり角の秘密がわかりました。角の斜め上に鏡が取り付けられていてわたしの姿が映るのでした。二人はそれだけで、朝の始まりがうれしくてたまらないようでした。

男の子って不思議

やはり朝のできごとです。二年生の教室から出席カードを取りに行く菜穂を見つけ急いで追いかけ、横に並んで歩きました。

「先生、歩くの速いね」

「朝の打ち合わせがあるからね」

それから、突然菜穂が何か思い出したように話しかけてきました。

「先生、太郎くんっておもしろいんだよ」

男の子の名前が菜穂の口から飛び出してきて驚きました。

「『線路は続くよどこまでも』を太郎くんとやるとね（手遊び歌のこと）、手のひらをね、ふにゃふにゃさせるんだよ。ふにゃふにゃおもしろいね」

「ふん、ふん……」

「それからね、ほかの男の子とやるでしょ。そうするとね、みんなパンチっぽくエイエイってやってくるんだよ！」

わたしは、男の子たちの顔を浮かべながらニヤニヤ、フフフと笑ってしまいました。

わたしは、この日の小さな出来事を学級だよりに書きました。最後に、こんなふうに付け加えました。

「ぼくも、そんなふうにやったかもしれないなあ。みんなのお父さんにも聞いてごらんよ」と。


小さなエピソードをいくつか記しましたが、子どもが育つということ、子どもが生きるということは、学習場面だけではないことを知っていただきたいと思ったからです。

こんな何気ない場面のなかで、子どもたちは心を弾ませ、笑ったり怒ったりしながら、時にはひとり悲しみを背負い耐えてだれにも語らず生きているのです。

わたしは、教育や子育てが何か特別の課題や目的を意識してなされなければならないという当たり前となっている暗黙の了解をもう一度疑い、そうしたことも大切なことだけれど、何気なく繰り返される子どもたちの日々が、忘れ去られた暮らしのなかの一コマ一コマが、ほんとうは子どもの生きる喜びを、豊かな心を育てているのだということに気づいてほしいと思います。この何気なく繰り返される日々を、粗末に扱ったり、乱暴に切り捨てたりしてはならないのです。

子どもたちが人間らしく育つ道は、何気ない暮らしのなかでどのようにていねいに事物や人びとと向かい合い対応しているか、そのことが父母や教師と日本の社会に問われているのだと思います。見落としてしまいそうな暮らしのなかにこそ、子どもを押し上げる力が隠されているのです。

4　子どもが変わるということ

志乃は三年生です。一年生に入学してから学校でまだ一度も話したことがありません。四月の始業式にお母さんがついてきて、下駄箱でわたしを呼び止めて言いました。

「先生、よろしくお願いします。志乃は、三年生になったらがんばってお話するって言っていますので……。ねっ、志乃、そうでしょ」

お母さんが志乃の背を押して、教室に向かう一歩を励ましました。志乃は、わたしに支えられながらソロリソロリと廊下を歩き、階段をゆっくりと上っていきました。

志乃は、家にいてもだれか友だちや知らない人が来ると言葉を閉ざしました。電話でも同じです。

教室で座席を決めました。二年生のときいっしょだった佳代がわたしに教えてくれました。

「先生、志乃ちゃんはね、トイレに行きたいときはね、顔が赤くなるんだよ」

「わかった。そのとき声をかければいいんだね」

休み時間になるたびに志乃の側に行って話しかけました。

「志乃さん、トイレは……」

すると、志乃は、遠くを見つめていた瞳をかすかに揺らし小さくうなづきました。

「えらいぞ、志乃さん。わかったよ。行っておいで」

こうした日々が続いたある日の休み時間、わたしは志乃に言いました。

「志乃さん、外へ行こう。みんな長縄跳びしているよ。志乃さんは、三年生になったらがんばるってお母さんと約束したんだってね。えらぞ。いまから先生と外に行って遊ぼうよ」

志乃の手をそっと握りました。志乃は、少しだけイヤがったものの、なおもわたしが働きかけるとスッと立ちあがりました。

校庭で長縄跳びをしました。志乃が列に並びました。志乃の番が来たとき、わたしは右手で縄を回しながら左手で志乃の体をそっと抱えてあげました。それから言いました。

「さぁ、志乃さん。先生が背中を押すからね。そうしたら縄のなかに飛び込んで跳ぶんだよ」

固唾を飲んで見守る仲間たち。

「いち、にの、さん、それっ！」

志乃は、嫌がらずに縄に飛び込みました。

「跳んだ！」

子どもたちが一斉に叫びました。志乃の体が軽やかに縄を跳び越したのです。みんな大騒ぎでした。

「やったね、志乃ちゃん」

それから毎日毎日、休み時間が来るたびに志乃を連れてわたしは外に出ました。大縄跳びを子どもたちと楽しみました。

六月のある日のことでした。看護当番の引継ぎがあってわたしは外にでられません。志乃に声をかけずに職員室で幾人かの教師たちと話していました。

突然、窓ガラスを叩く音がしました。クラスの子どもたちが窓枠によじ登ってわたしを呼んでいます。何事かと思ってドアを開けると、子どもたちがいっせいに叫びました。

「先生、おいでよ。志乃ちゃんがね、自分から縄を跳んだの。ほんとうだよ」

わたしは驚いて外に飛び出しました。

「先生、縄を回してみて。さあ、志乃ちゃん、さっきみたいに跳んでみせて」

わたしは、子どもたちの言葉を信じ縄を回し始めました。

ところが、志乃の体は硬直したように固まって動きません。わたしは、それでも縄を回し続けました。

「志乃ちゃん、がんばれ！　がんばれ！」

子どもたちがいっせいに掛け声をかけて励ましてくれました。それでも志乃の体は真っ直ぐに立ったままです。

わたしの縄を回す手はもう数十回を越えていました。

「きょうは、ダメかもしれない。でも子どもたちの教えてくれたことは真実だろう、信じてあげなくては…」そんな思いを心でつぶやきながら、それでもわたしはもう少しと思い回し続けました。

と、その時です。志乃の体が、ピクリと一瞬揺れました。

わたしがハッとしたときです。志乃の体がフワリと舞いました。飛び込んだのです。縄をわたしの見ている前で見事に跳んだのです。

「志乃さん、やったぁ！　ほんとうに跳んだ。やったやった、すごいや」

それから、笑顔いっぱいでわたしを見つめる子どもたちに言いました。

「みんなありがとう。みんながずっと応援してくれたから志乃さんは、跳べたんだよ」

二学期になりました。志乃は依然として学校で友だちとも話すことができません。授業中も、静かに座り続けています。休み時間だけは、みんなと外に出て行きました。

わたしは、志乃と新たな一歩を踏み出したいと思いました。そんなある日、教室に志乃を一人残して言葉をかけました。

「志乃さん、きょうは先生と本を読む練習をしよう」

志乃は国語の教科書をランドセルから取り出すと、わたしの横にやってきました。これだけでもすばらしい進歩です。

「『三年とうげ』を読んでごらん」

わたしは心で志乃を応援しました。「志乃さん、いまあなたの言葉が生まれなくてもいい。でも先生は、志乃さんがお話することを待っています」、そんなメッセージを伝えたいと思いました。それから「春」という漢字を一文字指差しました。

そのとき、驚くことが起きました。志乃の唇が小さく震えながらかすかに開き始めたのです。声は出ません。しかし、志乃の意思がそこにはありました。わたしは、うれしくて志乃の手をとり、力いっぱい振りました。

「志乃さん、あなたはいま、本を読もうとしたよね。先生、うれしいなあ。凄いことだよ。がんばったなあ」

翌日も、本読みの練習をしました。再び、震えるように志乃の唇が小さく開きました。わたしは、志乃に向かって言いました。

「志乃さん、先生の手のひらにあなたの息を吐き出してごらん。声が生まれるから。がんばれ」

志乃は、わたしの手のひらに向かって勇気を出して息を吐き出しました。

「…は、…」

小さな息は、かすかな声となって聞こえました。

「やった！　志乃さん、聞こえるよ。えらい、ちゃんと聞こえたよ。あなたの声が！」

音読を、もう少しだけ続けました。すると、志乃はゆっくりと並んだ文字を読み始めました。

「…は、…る、…に、…は、…」

蝶が羽音を立てるような、それは小さな小さな音でした。しかしわたしには、確実に聞こえました。志乃が学校で話す、生まれて初めての声でした。

そんな練習を幾日か続けたある日、わたしは、志乃と本読みの練習をするだけでなく、言葉を交わしたいと思いました。

練習を終えてランドセルを背負い、教室のドアに向かう志乃に向かってわたしは手を振りながら言いました。

「志乃さん、さよなら。また明日ね」

すると、志乃が体をこちらに向けてわたしの方を見つめました。唇は閉ざしたままでしたが、腰のあたりで手のひらが揺れています。サヨナラという志乃の挨拶でした。

わたしは、うれしくて飛んで行くと並んで階段を降りました。玄関の靴箱の近くで志乃の耳元にささやきました。

「志乃さん、さようなら」

それから、志乃の唇にわたしの耳をそっと近づけました。

「さ……よ……な……ら」

志乃の声が聞こえました。それは、音読ではない、志乃の意思を伝える声でした。


わたしは、志乃と同じような学校で言葉を話すことのできない子どもと何人か出会ってきました。こうした子どもたちとの触れ合いや共に過ごした日の出来事を通して、子どもの変わることのすばらしさについて深く教えられました。

志乃が自分から縄を飛んだとき、わたしは何十回と縄を回していました。その間、志乃は、青い震えるような顔をしたまま体を閉ざし続け、まったく跳ぶ意思を見せていないようにわたしには思われました。しかしそれは、大きなまちがいでした。志乃は、変わらぬ表情のなかで、だれにも見せない心の内側で自分とたたかっていたのです。

「跳びたい、跳びたい。勇気を出そう。でも、足が動かない。体が動かない。いうことを利かないの。がんばれ、志乃。がんばれ、志乃。みんなが応援してくれている。先生も待っていてくれる……」

こんな心の葛藤を経て、志乃は突然、前へと跳びました。勇気をふるい鎖を断ち切り、今までのわたしを飛び越えたのです。それは、本当に凄いことでした。

子どもが変わる、人間が変わるというのは、つくりだされた階段を一歩一歩着実に上るようなものではありません。周到に準備された成長と発達のシステムに応じて子どもが変容を重ね、伸びていくというのではないのです。

親や教師が、「この子はいつまでも変わらないで、ずっと同じところに停滞していている。いったいどうなってしまうのだろう」と心配しているようなそんなとき、子どもは、鋭く激しい葛藤の中で自己と向かい合い、対話し、たたかい、新たな道の選択を模索しているのです。その葛藤がいつまで続くのか、あるいは、内部でたたかう力が成熟するまでにどれくらいの時間や長さを必要としているのかは、だれにも予測できないものです。

今日の「教育改革」の大きな誤りの一つは、「教育的な取り組み」と称して、教育の本来の在り方を無視し「成果」を直結させていることです。子どもたちの人間的な成長や発達とは異質な能力を、強引なやり方で押し付けているのです。これでは、子どもたちの豊かな心や人格が育たないのは当然のことです。

ただ、忘れてならないことがあります。それは、志乃を取り巻く友だちやクラスの輪、教師の在り方の問題です。志乃を仲間の一員として受け止め、志乃の成長を心から願う友だちやクラスの力はとても大きいものがあったでしょう。そうした価値観を人間本来のものとして信じ励ます教師の力も重要です。こうした力や願いなしに、志乃の変革が生まれたとは思いません。また、志乃のなかに「わたしが変わることへの憧れや意思」がなくては志乃の成長のドラマも生まれなかったでしょう。

人間とは、子どもとは、「わたしの幸せ」とつながり合う人びとやさまざまな関係のなかで、新たな自分づくりに挑戦していくものだと思います。

5 子どもと生きる教師であるために
——若い仲間の教師たちへ

わたしは、ここ数年、たくさんの若い仲間の教師たちと小さな教育実践の研究会を続けてきました。夜の教室で毎月一度、授業や子どもについて学びあい語り合ってきました。そんな毎日から思うことを、マニュアルではないメッセージとしていくつか伝えたいと思います。

1 あなたにある「あこがれ」「今をはみだす力」を信じ、大切にしてほしい

子どもたちは、若い先生が大好きです。それは、あなたのなかにある未来と、子どもたちのもつ未来とが響きあうからです。

「若い教師の力」について、尊敬する友人、佐藤博（中学教師）と語り合ったことがあります。彼はそれを「未熟さの力」と述べ、わたしは「今をはみだす力」と答えました。後から気づいた

ことですが、わたしの発した言葉は、作家である大江健三郎氏がすでに子どもについて語っていた言葉でした。わたしの記憶に深く刻まれていたのだろうと思います。

冒険と挑戦、失敗を恐れず今を切り開く力が、あなたにはあります。子どもを捉える目のやさしさや鋭さが隠されています。現状の停滞や退行を打ち破り、もう一度教育や授業、学校や教室空間などについて、その意味を問い返し、見つめなおす力があなたには知らぬ間に育っているのです。

苦悩と失敗はつきものです。しかし、あなたの心に芽生えた子どもや教育への問いを、いつまでももち続け深めていくことができるなら、あなたは確実に今を切り開き、子どもと共に未来を生きる教師となるでしょう。

自分を信じ、勇気を出して、教師としての明日の一歩を踏み出しましょう。

2 子どもを問い悩むことが、わたしを育て押し上げてくれる

若い教師のほとんどは、自分の人生のなかで、子どもの危機や困難と出会ったことがありません。また、多くの子どもたちを集団として世話をしたり、学びの場を成立させ問いかけたり話し合ったりしたことがありません。

教育実習とはちがって教師になったとたん、わたしのクラス・学級の授業を成立させ、そこで

生まれてくる人間関係のトラブルやその子が抱えているさまざまな課題と、真正面から向かいあい、解決することが求められます。

これは、言葉にはできないほどの大きな力を要することです。解決が難しく、大きなストレスや悩みとなって若い教師に襲い掛かってきます。大学で学んだ『教育観』『子ども観』『指導観』『授業づくりの方法』などで、この事態を受け止め、克服し乗り越えいくことは至難なことです。具体的な、明日の子どもの叫びや苛立ちと対応しなくてはならないからです。

しかし、これは教師として生きていくためにはだれもが乗り越えていかなければならない課題と言えます。

指導の困難な一人の少年がいたとしましょう。本書でも繰り返し紹介してきたように、子どもたちの表現は多様です。教師である「わたし」の人生を否定されたり覆されたりするような出来事としばしば向かいあうことになります。叱ること一つにも「わたし」の人間性が問われるのです。

そのとき、教師は傷つき、模索し、身もだえしながら子どもを問い、悩みます。子どもとの深いやりとりのなかで、初めてあるときその子の苦悩が見えてきます。小さな小さな希望です。しかし、その発見は教師自身を変え、勇気と大きな希望を与えてくれます。教育とはそういうものです。

矛盾がわたしを押し上げ、教師としての力を伸ばしてくれるのです。子どもを見つめ受け止める力を、「わたし」のもつ人間的な力を、そうやって日々一歩ずつ磨いていくしかありません。同時に、「わたし」のなかにある固定化した枠組みの人間観や、現代を生きることで身につけてしまった時代の制約や非人間的な生き方を見つめ、影の部分について知り、気づき、そぎ落とす努力をしたり、あるいはそれを新たな力に変革していったりするような努力が必要となるのです。

わたしの目の前に困難が現れたときは、わたしが新たな人間らしい教師として生きていくための試練でもあると考えてみることも必要です。

もちろん、教育条件の問題や集まってきた子どもたちの集団がもつ困難の状況の程度にもよりますが……。

3 子どもと生きることを楽しんだり面白がったりする姿勢をもつ

子どもたちと教師であるあなたは、かけがえのない出会いのなかでいまを生き、人生を共に過ごしています。子どもが幸せにいまを生きられるように、教師である「わたし」も子どもと生きるいまが幸せでなくてはなりません。

それには、子どもと夢を共有することです。勇気ある実践に取り組むことです。そしてもう一つ、それは子どもの何気ない生きる姿のなかに、子どもの素敵さを感じ取れる力をもつことです。

このことの具体的な例は、すでにこの章のいくつかで書きました。

子どもと夢を共有するためには、あなたの子どもたちにたいする要求や願いをしっかりともちながら、それを押し付けず、「遠い見通し」に位置づけることが大切です。回り道でもいい、子どもの声を聞きながらゆっくりと焦らず、散歩道を楽しむように歩んでいくのです。子どもは、道端のカエルに驚き、空の雲を眺め、ミミズを友だちにくっつけ、前に進もうとするあなたを困らせますが、そこに子どもが本当に生きることの喜びや真実があるのです。

こんなことがありました。運動会の朝です。放送の指示があって三年生の子どもたちに椅子をもたせながら外の児童席に向かうことになりました。急がねばなりません。

「並んでください。素早くね」

と急かすわたしに、奈美がそばに来てわたしの服の袖を引きました。何かを訴えるようにわたしを見つめます。

「先生、先生」

「奈美さん、今は外に出るときだよ。話は後で！」

しかし、並んだ後も奈美はわたしに声をかけてきます。これは、何か大切なことを訴えようとしているなとわたしは思い、焦る気持ちを抑えながら体を曲げて耳を傾けました。奈美がやっと安心したように話してくれました。

「先生、わたしの蝶のさなぎがね、今朝、蝶になったんだよ！」

「……」

奈美は、聞いてもらってうれしくてたまらないというようにニコニコ笑っていました。

何ということかと思いました。奈美さんにとって、運動会の始まりを待つワクワクするような期待や緊張よりも、蝶がさなぎから蝶に羽化したことのほうが、たまらなく大切なことだったのです。子どもの眼差しや思いの深さのちがいについて改めてわたしは奈美さんから教えられた気がしました。聞いてあげてよかったと思いました。

教育の本質は、かたちや枠組みづくりを追いかけるだけでは捉えきれないものなのです。若い教師のみなさんが、課せられるたくさんの課題に対し相対化する眼差しをもち、子どもと過ごす何気ない会話のなかに生まれる真実や、授業のなかでつぶやいた学級の子どもの一言を宝物のように大切にする思いをもち続けてほしいと思います。

4 ワクワクドキドキすることのなかに、ほんとうの授業の面白さが生まれる

授業を考えてみましょう。明日の授業の計画を立てたとき、あなたの心が子どもたちの笑顔や問いを予想して、わくわくドキドキ震えるでしょうか。

そんな授業ができたとき、子どもと学ぶ、子どもと生きる幸せを感じます。子どもたちもいまを充実して生きたということができるでしょう。

そのためには、周りの同僚から学ぶだけでなく、学校を出て、子どもや授業について研究した

り学びあっている仲間たちの輪のなかに飛び込んだりすることです。素敵な人生の仲間とも出会えます。子どもとの関係に見通しがもてず、また授業が停滞し、困難な悩みなど抱えたとき、勇気を励ましをもらえることもできます。

そして一方で、本を読んだり絵画や映画を鑑賞したり旅行を楽しんだり、スポーツをしたりしながら、ゆっくりと自分を広げてやりましょう。焦ることはありません。長い年月をかけて教師は教師としての歩みを続けていくのです。その一つ一つの過程のなかで人間的に精一杯対応することしかできないのです。

そして、知的関心と学ぶことの好奇心を失わないことも大切です。わたし自身、友人に大いに刺激されました。

5 子どもや教育の真実や夢を大切にして生きるなら、誇りを失わずにしたたかに何かを伝え、実践することはできる

学校の日常の教育活動のなかで、したたかに『わたしの大切にしたい教育実践』を組み込むことに挑戦してみましょう。子どもも教師も生き生きと学びあう教育実践は、必ず職場の仲間の教師や多くの人びとの心をつかむものです。

総合の授業を使って六年生と『東京博物館探検物語』を二クラスで実施したことがありました。

校長に話すと大賛成をしてくれました。グループを作って東京の奥多摩や東の江東区や江戸川区へと子どもたちは朝から弁当持ちで出かけていきました。二度も三度も。そして、調べたことをもとに、子ども自身が友だちを前にして小さな授業を展開しました。子どもの瞳の輝く授業をしたいという思いが、実現につながったのです。

若い教師であるあなたの心には、実践への夢や憧れがあるでしょう。そのことを忘れないではしいのです。

6 子どもは愛されて大切にされるなかで必ず変わる

安心と自由が保障され、ゆっくりとした時間の流れる教室空間において子どもは変わります。硬直した体がふと揺れたとき、志乃は縄を跳びました。それは時間が永遠に続くような繰り返しのなかでの一瞬のできごとでした。入学以来、言葉を学校で初めて発したのは、三年生の九月でした。じつに九〇〇日におよぶ葛藤を経ていたのです。

子どもは、繰り返される長い日々や時間のなかで、重ねられる願いと主体の納得や選択とつながり、ある日ふとその子のなかに変化が生まれるということです。

わたしたち教師は、子どもを見つめる目を豊かで確かなものにしながら、焦らずゆっくりと子どもの成長と発達を励まし応援していきたいものだと思います。

7 よく眠ること、そして真摯に語ること

「授業の準備をしていて朝まで床でうたたねしてしまいました」と、新任のK先生が、夜の研究会の帰りの電車で話してくれました。「寝なくちゃだめだよ。睡眠不足が重なると、イライラして子どもにつらくあたってしまうし、体も壊れてしまうから。元気がいちばんなんだからね」

明日の授業が、準備しても準備してもうまくいかないことがあります。夕食後はほどほどにして教材研究を止め、好きなことをして眠ることです。子どもたちが、若い教師のあなたに求めるのは、みずみずしいあなたの笑顔や心のときめきです。授業の中でしなやかに笑ったり失敗したり、喜怒哀楽を正直に表す姿に憧れるのです。それが、子どもたちの知的好奇心を呼び、学びを深めるきっかけとなるのです。

困難なときは、保護者の胸に飛び込んでいってつらさや喜びを正直に語ってみることも大切です。わが子が先生から深く愛されていることが伝わるとき、保護者は協力を惜しみません。新たなつながりがそこから生まれるのです。

あとがき

国語の時間、四年生の子どもたちと『青空』（詩人、高階杞一・作）という詩を読みました。

青空
屋根にのぼって／あおむけに寝て／空を見た／／宇宙の真ん中にいるようで／／何にも声が出なかった

読み終わって、子どもたちに言いました。

「ねっ！　ぼくらも真似してみようよ」

子どもたちと屋上に行きました。一二月の冬の始まりの空は、うすい雲と輝く青空とで半分ずつ広がっていました。

「ここに寝転んで空を眺めてごらん」

「えっ、ほんとうに寝っころがるの」

「やったあ」

子どもたちに混じってわたしも「大」の字に寝っころがりました。

「一分間、黙って空を見つめてごらん」

しばらくして周りを見渡すと、互いに兄弟みたいにくっつきあって、頭を乗っけている子たちがいました。

「コラッ、だめじゃないか。空を見るの！」

思わず叱りそうになりましたが、わたしは口を閉じました。「先生も入れて」と言いながら、男の子たち三人を枕にして寝ました。

「みんなも友だちを枕にして寝てごらん……」

あちこちからキャッキャッという笑い声が聞こえてきました。「心臓の音がするよ」と、孝弘がうれしそうに言いました。

「先生、見て」

声の方を振り向くと、佳奈と麻友と沙耶がスキーのそりに乗るみたいに重なり合って寝ていました。

「ここにいい枕があるなあ！」

近づいていってわたしが寝っころがろうとすると、三つの枕は「キャーッ」と言って逃げていきました。

教室に戻って詩を書きました。

空　　　　颯太

おくじょうにいった／友だちのおなかでねた／大島君のおなかだ／きもちのいいおなかだった／雲がたくさんあった／いろいろな形の雲があった／明日は、どんな雲かなぁ

二年生を担任した三月、別れの日が近づいてきました。毎朝、教卓に何通かの手紙が乗せられていました。子どもたちや保護者からの手紙でした。

わたしは、それらの手紙から、勇気と励ましをいただきました。最後に、そのいくつかを紹介して本書を閉じたいと思います。

まん丸の目をした雄二郎という少年がいました。春、楽しい詩を書きました。お母さんが眠っているあいだにミミズをその手において驚かせた、という詩です。

「雄二郎くん、この詩、おもしろかったよ。きみは、こんないたずらをしたかったんだね」

教室の隅っこで、彼にそっと語りかけました。「しまった。嘘が見つかっちゃった」という顔をして雄二郎はコクンとうなずきました。その日、みんなが次々と楽しい失敗話をして詩を書きましたから、彼も思わず嘘のお話を創り出したのです。小さな子にはよくあることです。「先生がわかってくれた」と、雄二郎は安心したように瞳を輝かせました。

その彼からこんな手紙もらいました。

「山﨑先生、はじめあったときは、あくしゅをしてくれました。おもしろかったです。授業中におかしを食べました。おいしかったです。給食のときお話をしてくれました。あくま君とコンちゃんともお別れです。さんすうの時間にあくま君が出てきて、本を話すときもコンちゃんがでてきて、けどさいきんは出なくなってしまいました。春にはお別れです。給食の時間もお話をしてくれません。先生とお別れするのは、このぜんぶがなくなってしまうんですから大変なことなんだ。このすべてをわすれないで三年生でがんばります。だから、先生もみまもっていてください。……もも、りんご、ゆうれい、うし、じいさん、ロールパン、うさぎ（杜雄二郎）より」

雄二郎の切ない気持ちと思い出の深さが伝わってきて、わたしは胸が締めつけられました。

Hさんからは、こんなお手紙をいただきました。

「先生の、何より二年A組一人ひとりを大切に思い、認めて下さっている姿にふれ、何度も心が温かくなりました。授業はもちろんのこと、お誕生日の肩車、アコーディオンの演奏、すもうや昔遊び、そして絵であふれる黒板、色とりどりの思い出と学びの楽しさを子どもたちにプレゼントして下さいました。二年A組の教室は、まるで宝箱のようにキラキラ光る思い出であふれています。

また、子どもたちが学ぶことに集中しているとき、教室という箱の空気が透き通ったように変わったのが忘れられません。

子どもたちの中に撒かれた先生の優しさの種が、花を咲かし、種になり、またどなたかの中で花を咲かせるでしょう。親も子も、山﨑先生に担任していただいたこの一年間、とても満たされておりました。ありがとうございました」


学びあう授業の場面について、「教室という箱の空気が透き通ったように変わった」というHさんの言葉を、わたしはとてもうれしく受け止めました。何と鋭く子ども世界をつかみ、感じ取っていらっしゃることか……と。

本書のいたるところで、わたしは、教室にやってくる子どもの生きづらさと、背負いきれない重荷について触れてきました。彼ら自身気づかぬうちに、不安や危機の感情にさらされ、攻撃性さえ抱え込んでしまうのだと……。

今日の教室は、そうした子どもたちを受け止める場なのです。すべてはそこから始まるのです。教師は、心を閉ざし傷つき、攻撃性を持つ子どもたちを含めて、しっかりと受け止め、学びや生活を展開しなければならないのです。わたしは、教室が子どもたちの生きる場となり、授業や学びを通して子どもたちがゆっくりと自己を開放し表現する場となることを大切にしたいと考えました。

Hさんは、その瞬間を見事にとらえてくださいました。教室という居場所で、学びの場で、子どもたちは安心し、透き通るような未来につながる自分と出会えたのです。

Hさんの手紙には、さらに次のような言葉がありました。

「教室が宝箱のようにキラキラ光る思い出であふれている」「この一年間、とても満たされていました」…と。

これは、わたしが教室や子どもたちに寄せる深い思いや願いと見事に重なっています。うれしいことでした。『子どもは幸せの中に生きる権利』があり、教室の中において、少しでもわたしはそれを実現したいと思っていたからです。

本書は、右往左往しつつ悩みながら子どもと生きるわたしの教師としての歩みを、子どもの生きる姿を、さまざまな場で丁寧に聴き取り、雑誌に書くことを進めてくださった多くのみなさんの支えによって生まれました。

教育科学研究会の田中孝彦先生（都留文科大学）や佐貫浩先生（法政大学）、佐藤隆先生（都留文科大学）は、雑誌『教育』、季刊『現代と教育』、『人間と教育』などへの執筆において特別のお世話になりました。書くことをためらうわたしを幾度となく励ましてくださり、そのことによって何とか本書をまとめることができました。

『学びをつくる会』の多くの友人のみなさんにも心から感謝を申し上げます。教師として生きることの難しい日々を、ともに語り合い、学びあい、大切なものを失うまいと支えあって今日まで歩んできました。教師としてどれだけ生きることを励まされたかしれません。

最後になりましたが、本書の出版にあたっては、旬報社の田辺直正氏にさまざまな面でお世話になりました。雑誌原稿のすべてに目を通して下さり、加筆を含めて適切なアドバイスをしていただきました。ここに、厚くお礼申し上げます。

二〇〇九年一月

山﨑隆夫

初出一覧（加筆修正）

第1章　子どもに手渡す〝幸福な時間〟（地域民主教育全国交流研究会編『現代と教育』（vol.73）桐書房、二〇〇七年、民主教育研究所編『人間と教育』旬報社、五五号、二〇〇七年）
第2章　子どもの心の危機を考える（『教育』国土社、二〇〇七年二月号）
第3章　子どもに寄り添うことから始めたい（地域民主教育全国交流研究会編『現代と教育』（vol.55）桐書房、二〇〇一年）
第4章　学びあう教室のなかで子どもは変わる（民主教育研究所編『人間と教育』旬報社、三四号、二〇〇二年）
第5章　子どもたちに〝胸に染み入る〟なつかしさを（書き下ろし）

著者紹介

山﨑隆夫（やまざき・たかお）

1950年静岡県袋井市に生まれる。1972年より東京都の教員となる。現在、大田区立矢口西小学校教諭。「学びをつくる会」「教育科学研究会」会員。
子どもたちの心の声やいのちの震えを感じ取り、生きることへの喜びや希望を育てる教師でありたいと、日々の実践を続けている。著書に『パニックの子、閉じこもる子達の居場所づくり』（学陽書房）、『なぜ小学生が“荒れる”のか』（今泉博との共著、太郎次郎社）、『若い教師のステップアップシリーズ②生活指導力』『同③授業力』『④学級経営力』（編著、旬報社）ほか。

希望を生みだす教室

2009年2月10日　初版第1刷発行

著　者――山﨑隆夫
装　丁――河田　純（ネオプラン）
発行者――木内洋育
編集担当――田辺直正
発行所――株式会社旬報社
〒112-0015東京都文京区目白台2-14-13
電話（営業）03-3943-9911　http://www.junposha.com
印刷所――株式会社マチダ印刷
製本所――有限会社坂本製本所

ISBN 978-4-8451-1109-1